JN068043

小次郎講師流

世界一わかりやすい
投資の勝ち方

～チャートメンタルズ分析～

Chartmentals analysis

小次郎講師

SOGO HOREI PUBLISHING CO., LTD

はじめに

　日本は世界で一番の長寿国だそうですが、本来なら喜ぶべきこの事実を素直に喜べないというのが実感ではないでしょうか。人生100年時代を迎え、長生きリスクという言葉が誕生しました。長生きリスクってなんでしょう？　いくら老後のために資産を蓄えていても長生きゆえに足りなくるというリスクをいうそうです。老後、年金だけでは2000万足りないなどという話が一時期話題になりましたが、正直2000万どころか、いくらあっても不安はぬぐえません。何歳まで生きるかなんて、誰にもわからないのですから。

　ということで、投資が必要不可欠な時代になりました。かつて投資は一部のお金持ちか、一部の投資に興味のある人たちだけのものでしたが、今やありとあらゆる人が学ぶ必要のあるものとなりました。なぜなら、投資というスキルを持っていないと生きていけない時代になってしまったからです。通常の仕事だけでは足りない、ましてや60歳70歳になっても資産を増やしていかなければ安心できない世の中で、それを実現するには投資力しかありません。株式投資・FX投資を避けて通れない時代になりました。

　しかし、投資にはリスクもあります。誰でもすぐに勝てるようになるほど簡単なものではありません。とすると、正しく学ぶ必要があります。しかも、最新の技術を学ばなくてはいけません。ありとあらゆる人が投資で勝とうとしているとしたら、その中で勝ち組になるためにはさらに上の戦略が必要です。そう

いった投資家の願いをかなえるのが本書です。「チャートメンタルズ分析」という言葉を聞いたことがあるでしょうか？　最新の分析法です。語感から「チャート分析」と「ファンダメンタルズ分析」をミックスしたものだということは想像できると思います。しかし「チャート分析」と「ファンダメンタルズ分析」をミックスしたというだけでは目新しくなく、これまでにもいろいろとあります。しかし、その中で「チャートメンタルズ分析」は最新で画期的な分析法です。ひとことで言うと、ファンダメンタルの変化さえチャートで読み解いていけるという考え方です。

　世界は連動している。しかも、その連動性は年ごとに高まっています。株価の動きは、大きく見れば日本もアメリカもヨーロッパも同じ動きをしているのです。株だけではありません。為替も、コモディティも、債券も、相関・逆相関の差はあれ、一緒に動いているのです。そのことに本当の意味で気がついている投資家は多くありません。そして、そのことを利用してどのように投資で勝ち組になるかもまだ理解されていません。

　だからこそ、本書を作りました。実はあるポイントに気がつくだけで株式投資もFX投資も簡単になり、とても有利に取引が出来るようになるのです。しかも分析は難しくなく短時間で出来ます。この手法を使えばあらゆる銘柄の変化が本物か偽物かが区別出来、大天井・大底を読み取ることが出来るようになります。この分析法を身につけ、大きなアドバンテージを得てください。本書が多くの投資家のお役に立つことを心から望んでいます。

Chapter **9**
さらに高度なチャート分析で株式相場の勝者に!

Chapter **10**
コペルニクス的転回の「銘柄選び」その極意

Chapter **11**
総合分析

Chapter 12
「TradingView」の使い方

編集協力	神藤将男
装丁	中西啓一
本文デザイン・図表・DTP	横内俊彦
校正	黒田なおみ

Chapter **1**

まず、これだけ知ろう
「チャートの基本」

① ファンダメンタルズ分析とチャート分析

　皆さん、株価がどうやって決まるかをご存知ですか。それは、まず「この価格であれば買う」「この価格であれば売る」という需要と供給のバランスが取れたところで決定します。そして、決まった直後には「その価格をどう判断するか」という需要と供給のバランスが再び取られて価格が決まり、その連続で上昇したり下降したりします。その価格決定メカニズムの背景には、現在の株価と本来の価値との比較が行われています。割安だと判断されれば需要が増加し、割高だと供給が増加します。では、その判断や分析はどのように行われているのでしょうか。

　株式市場における**株価分析の手法は、大きく分けて「ファンダメンタルズ分析」と「チャート分析（テクニカル分析）」に分けられます。**まずは、この2つの手法の違いを理解するところから始めます。ファンダメンタルズ分析とは何か、チャート分析とは何か、まずはここから見ていきましょう。

ファンダメンタルズ分析

　ファンダメンタルズ分析は、景気動向や企業の財務や業績見通しなど、様々な価格変動要因を分析します。実際には、分析内容が多岐にわたります。また、金融政策に伴うマネーサプライや為替、金利、コモディティ（プラチナ、小麦、銅など、商品取引所で取引される商品）などからの分析もそうです。これ

図1-1　ファンダメンタルズ分析

ファンダメンタルズ分析

●景気動向などのマクロ分析

●企業の財務や業績見通しなどのミクロ分析

●政治経済など扱う範囲が膨大

らを総合的に分析して将来の株価を予測します。昨今では、世界の経済情勢や政治情勢なども考慮して多角的なデータに基づいて分析し、そこから今の株価が割安なのか、それとも割高なのかを判断して投資の材料とします。

　その予測価格の中心は「需要」と「供給」の関係になります。売り手と買い手の力関係は、概ね取引の70%が需給、20%がトレンド、10%が人気や思惑によって決まります。ファンダメンタルズ分析はその70%を占める需給を分析するわけですから、やはり一番の基本であり重要な分析手法となります（図1-1）。

チャート分析

　チャート分析とはチャート（株価や出来高を図示したもの）を使って相場の現状を分析する手法です。市場の動きやファンダメンタルズの内容が、チャートにすべて織り込まれているという考えに基づいています。そして、チャート分析は将来を予測する手法というよりは現状を分析するほうに重要性があり、その**現状分析の中でエッジ（優位性）がある状態を探し出すことがチャート分析の基本**なのです（図 1-2）。

図1-2　チャート分析

チャート分析

●**買うタイミング、売るタイミングを教えてくれる**

●**我々が知らない情報でもチャートに織り込まれている**

＊チャート分析も完ぺきではない
＊種類の多さや売買サインにダマシがある

② なぜチャート分析か？

　ヘッジファンド（複数の金融商品に分散化して高い運用収益を得ようとする代替投資の１つ）や機関投資家［個人投資家らの拠出した資金を有価証券（株式・債券）などで運用・管理する社団や法人、保険会社、投資信託会社など］などのプロトレーダーは、すでに世界中にネットワークを作り上げていて、最新かつ膨大な情報を集めています。それと同様の情報を一個人トレーダーが収集することは不可能です。

　つまり、プロと情報戦を戦っても質・量ともにかなうわけがありません。我々個人トレーダーに情報が入ってきたときには、既にその情報はマーケットに織り込まれています。また、ファンダメンタルズ分析を基にトレードルールを構築するにしても株式価値が不透明で、業績予測は困難を極めます。将来性も見通せない状況下で、「どのような条件になったら買う」「売る」「利食いする」「損切りする」あるいは「様子を見る」などの決め事を構築することは、非常に難しい作業です。

　一流のトレーダーなら誰もが独自のルールを持っています。しかし、ファンダメンタルズ分析を基にルール化することが難しいということは、仮に今年上手くいったとしても毎年安定的に上手くいくかはわからないのです。

　一方で、チャート分析はチャートを使って分析します。そのチャートは価格形成の軌跡によって出来上がります。価格は売り手と買い手、つまりそれぞれの需給バランスで決まります。価

格が決まった時点では、売りと買いのバランスが取れているということです。その価格が上がるだろうと考えているトレーダーと、下がるだろうと考えているトレーダーのバランスが取れているということになります。

ところが、抵抗線や支持線といった多くの人が意識する価格帯を超えたとき、またはそのバランスが崩れたときに、「買い方優勢」「売り方優勢」という状況が一時的に発生します。それを買い（または売り）に**エッジがある状態**といいます。

チャート分析では買いシグナル、売りシグナルが明確に出ます。故にトレードルールの構築はファンダメンタルズよりも簡単にできます。また、内部関係者などしか知らない情報があったとしても、チャートを見れば何かが起きていることがわかるのです。ここにチャート分析の大きなメリットがあり、なぜチャート分析かという答えが出ています。

将来の値動きを完璧に予測できるチャート分析の手法はありません。チャート分析にもデメリットはあります。チャート分析による買いシグナル、売りシグナルにはしばしば「ダマシ」（上昇シグナルが上手く機能しない、下落シグナルが上手く機能しないというように、シグナルと実際の動きが一致しないこと）があります。

またチャート分析は種類が多く、どれを使ったらいいのかがわかりずらいということもあります。**チャート分析で買いシグナルや売りシグナルが出たら、ファンダメンタルズにどういう変化が起こったのかを確認**しましょう。なぜならファンダメンタルズ分析では、企業の業績もさることながら、経済発表など

それぞれの変化が数字で確認できるからです。それが正しければ、チャートの中に必ずその影響が表れるはずです。

　チャートの中に何も兆候が出てこない場合は、それは大した材料ではなかったということです。もしチャート分析とファンダメンタルズ分析に逆のシグナルが出た場合は、トレードするにあたり細心の注意が必要となってきます。トレードを仕掛けないか、すぐに市場から逃げる準備をして仕掛けるかです。

　このように、**ファンダメンタルズ分析もチャート分析にもそれぞれ、メリットとデメリットがあることを理解**しましょう。ただ、トレードルールの構築においては圧倒的にチャート分析が有利であることを認識しましょう。そして、このようにチャート分析とファンダメンタルズ分析の両面を分析する手法を、私は「**チャートメンタルズ分析**」と名づけ、両方を確認することで精度の高い分析を行っています。

③ ローソク足の基本

ローソク足って？

「ローソク足」とは、形がローソクに似ていることからローソク足といわれています。このローソク足の動きの連続がチャートとなっていきます。ということは、チャート分析においてローソク足は基本中の基本となります。なぜなら、**ローソク足を見ることで、価格の推移がわかり、その連続性により相場の天井や底などといったトレンドの動きがわかる**からです。

　このローソク足は、実は江戸時代から使われているのです。そして、世界で最も歴史のあるチャートであり、なおかつ世界で最も優れたチャートだといわれています。そのローソク足が日本で発明されたというのは誇らしいかぎりです。

　海外では「バーチャート」と呼ばれるものが一般的ですが、ローソク足はよりビジュアル的で、様々なパターンにより相場の天井や底、トレンドの発生が一目でわかるなどたくさんのメリットがあります。そのため、現在では海外でもローソク足が「キャンドルチャート」として主流になりつつあるのです。

　江戸時代に本間宗久（1724 - 1803）という米相場で莫大な富を築いた偉大な相場師が、「酒田五法」というチャート分析手法を開発し、その遺稿で紹介されたものが後世に広まっていきました。チャート分析の歴史において、実は日本は世界で最も歴史のある国なのです。戦後日本は欧米に追いつけ追い越せの精

神で、相場においても欧米の分析に目が行きがちでしたが、日本で発明された世界最古のローソク足をしっかりと学んでいきましょう。

ローソク足は４つの価格から成立する

　ローソク足は４つの価格を使います。その４つの価格とは、「始値」「高値」「安値」「終値」です。取引において、最初に決まった価格が「始値」、最後に決まった価格が「終値」、一番高い価格が「高値」、その逆に一番低い価格が「安値」です。この４つの価格をまとめて「四本値」と呼びます。

ローソク足の書き方

　縦軸を価格とし、取引が始まった始値の価格に線を引き、続いて終値の価格にも線を引きます。この２本の線をもとにローソク足の実体を四角形として作成します。もし始値より終値が高ければ、その実体は白くします（チャートによっては赤色の場合もあります）。逆に、始値より終値が低ければ、その実体を黒くします（チャートによっては青色の場合もあります）。始値より終値が高ければ「陽線」、始値より終値が低ければ「陰線」となります。始値と終値が同じ場合は１本の横線となるので、これを「寄引同時線」と呼びます。
　ローソク足は「実体」と「ヒゲ」に分かれます。実体の上か下、または上下両方に描く細い線のことをヒゲと呼びます。ヒ

図1-3　ローソク足

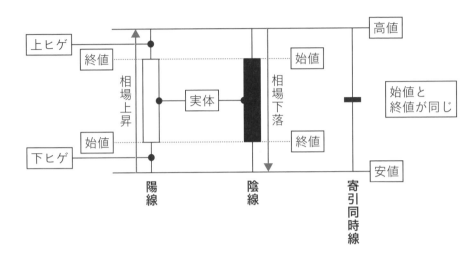

図1-4　陽線と陰線

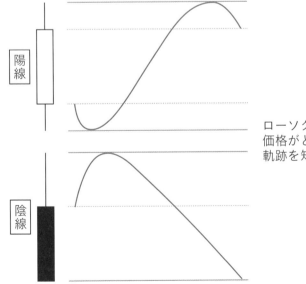

ローソク足の形状を見ることで
価格がどのように推移したかの
軌跡を知ることが出来る

ゲの両端はその取引時間帯における高値と安値を表しています。高値から実体までのヒゲを「上ヒゲ」、安値から実体までのヒゲを「下ヒゲ」といいます。高値と安値がそれぞれ始値や終値と同値の場合は、ヒゲがありません。さらに、もし、始値と終値が同値の場合は実体が横棒のみとなり、十字の線になります。このようにローソク足には、取引時間帯におけるたくさんの情報が詰まっています。そのローソク足の動きを1本1本つなげていくことで価格の推移がわかるようになるのです（図1-3・図1-4）。

ローソク足を極めよう！

　IT技術が進化することで、ローソク足にメリットとデメリットが生まれます。メリットは私たちがトレードに必要なチャートをパソコンの画面上に、実に簡単に呼び出すことができることです。デメリットはパソコンがチャートを自動で調節してくれることで、価格変動のクセに気づき難くなっていることです。もし、チャート分析を極めようと思うのであれば、ぜひ手書きでチャートを記入してみてください。

ローソク足を見ると何がわかる!?

　ローソク足は四本値でできています。つまり、そのローソク足1本を見るだけで価格の推移がイメージできるようになるのです。まず、ローソク足の実体が大きな動きを見せる場合を見てみましょう。始値から終値にかけて大きく上昇した線は「大きく上昇した陽線」ということで「大陽線（だいようせん）」といいます。

　始値から終値にかけて「大きく下降した陰線」は「大陰線（だいいんせん）」といいます。この実体の大小によって、価格変動の強弱が一目でわかるのです。次にヒゲを見てみましょう。ヒゲは始値と終値の間の高値と安値ですので、ヒゲの長さでそのときの動きがわかります。**ヒゲが長くなれば長いほど、買い方（買う側の人）と売り方（売る側の人）の攻防が激化していることを示唆し、逆にヒゲがない場合は一方通行の動きになったということがわかります。**

　このように、ローソク足は実体の大きさの違いやヒゲの長さの違いを見るだけで、多くの情報を我々に教えてくれます。さらに、ローソク足の**終値に注目することで、始値からの価格がどのように推移していったかが手に取るように浮き彫りになる**のです。

④ トレンドとは？

　1本のローソク足の価格の動きを理解したら、そのローソク足を何本も表示させることで価格推移がわかるようになります。それがチャートです。上昇しているか、下降しているか、または横ばいの動きになっているかなど、価格がどのような傾向で推移しているのかを見ていく必要があります。

　そのときに役立つのが「トレンド」です。トレンドとは傾向とか風潮といった意味です。価格が波打ちながら上昇したり下降したりする動きを「ウェイブ」とか「波動」といった呼び方をします。価格が上昇を始めると慣性の法則からその動きが継続する傾向にあります。これが「トレンドがある」状態です。この最大の特徴は「トレンドは継続する」ということです。

　波打ち、上昇したり下降したりしながらも、大きな流れを見ると「上昇トレンド」となっていたり、「下降トレンド」となっていたりします（図1-5）。そして、我々トレーダーが株式投資を通じて利益を狙っていこうとするときに、トレンドの流れに乗ることが有効な投資手法になるのです。

　過去の価格を見て高いから「売る」とか、安いから「買う」というのは発想としては簡単そうですが、実は非常に難しい行為なのです。なぜなら、どこが天井でどこが底かが明確ではないからです。天井圏で売ったと思ったらさらに上昇したとか、底値圏で買ったと思ったらさらに下がったということもあるからです。

図1-5　上昇トレンドと下降トレンド

トレンド相場

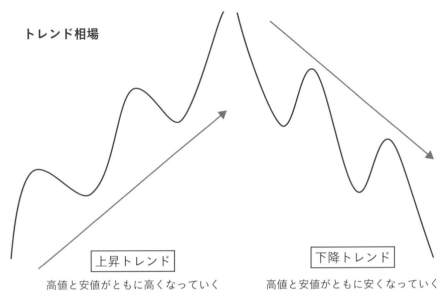

上昇トレンド

高値と安値がともに高くなっていく

下降トレンド

高値と安値がともに安くなっていく

図1-6　トレンドの継続

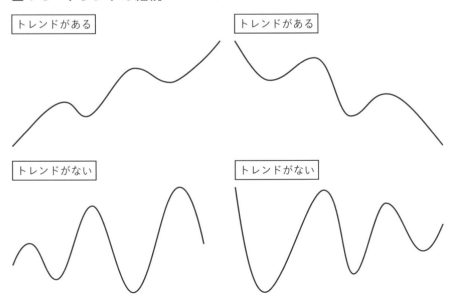

トレンドがある

トレンドがある

トレンドがない

トレンドがない

ここでトレンドの基本的な動き方を話します。上昇トレンド
は価格が波打ちながら右肩上がりで推移します。目先の高値が
前回の高値より高くなり、目先の安値も前回の安値よりも高く
なる（切り上がる）という特徴があります。上昇トレンドが継
続していると、この流れが継続します。

　下降トレンドの場合は価格が波打ちながら右肩下がりで推移
します。下降トレンドの特徴は目先の高値が前回の高値よりも
安くなり、目先の安値も前回の安値より安くなることです。下
降トレンドが継続していると、この流れが継続します（図1-6）。

トレンドは継続する

　上昇トレンドは高値と安値がともに切り上がっていきました。
これが上昇トレンドの基本的な条件でした。

　ではなぜ、そのような動きになるのかを解明していきましょ
う。市場に新しいニュースがもたらされて株価が上昇したとし
ます。そうすると、売り方は当然不利になりますので次第に手
仕舞い（決済して現金化すること）をしていきます。そのとき
の売り方の手仕舞いとは「買い戻し」という買い注文になりま
すので、市場にさらに買い注文が出てきます。

　価格が高くなればなるほどその傾向が強まっていきます。つ
まり、上昇トレンドが始まると売り注文が徐々に減ってくるの
です。一方で、買い方は価格が上昇すると勢いに乗ってきます。
そして、ある程度上昇すると今度は利益を確定する売りが出ま
す。そのとき利益確定売りに押されて一時的に価格が下がりま

す。その一時的に下がる安値を「押し目」といい、買い方は上昇トレンドが継続する限りその押し目を買って、また高値が出てくれば利益を確定するという売買を繰り返していきます。

　押し目をつけたときに前回の安値を割らない限りトレンドが継続していると判断できますので、買い方が主導になって相場を展開していきます。この流れが続く限りトレンドは継続していくのです。

　ところが、押し目で買いを入れたにもかかわらずさらに下がる局面が出てきます。具体的にいうと直近の安値を割ってくるようなときです。それは、新たな売りが出てきたから起きたことです。そうなると上昇トレンドは終焉し下降トレンドが発生します。

　上昇トレンドが終わるときは、直近の安値を割ってきます。下降トレンドが終わるときは直近の高値を超えてきます。このようにトレンドの基本を理解することで、株価の流れの変化に気づくことができるようになります。

⑤ 波動とは？

　価格が波打ちながら推移するときの動きを「波動」あるいは「ウェイブ」と呼ぶといいました。この波動がどう推移するかを理解することが、トレンドを把握することにつながります。トレンドとは友達になりましょう。トレードの世界ではよく使われる言葉です。欧米でも「Trend is My Friend」として使われています。そこで、トレンドにラインを引くことでトレンドの傾向をつかみやすくします。これが「トレンドライン」です。

トレンドラインを引く

　トレンドラインの引き方の基本を見てみましょう（図1-7）。上昇トレンドであれば波動の安値と安値を結んでラインを引きます。下降トレンドであれば波動の高値と高値を結んでラインを引きます。引き方はローソク足の実体を結ぶ方法とヒゲも含めて引く方法がありますが、基本はヒゲも含めて引きます。そうすると、上昇トレンドの場合はトレンドラインの上に価格がすべてくるようになり、下降トレンドの場合はトレンドラインの下に価格がすべてくるようになります。

　トレンドラインを引くことができるようになったら、次になぜトレンドラインを引くかを理解しましょう。その理由は2つあります。1つ目は現在の相場はトレンドがあるのか、もしくはないのかを確認するためです。2つ目はトレンドがあるとす

図1-7　トレンドライン

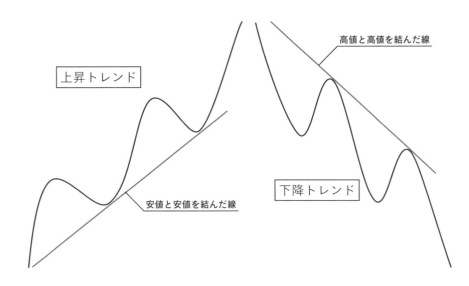

ればトレンドラインを引くことで、**トレンドの終わりをいち早く察知することができるから**です。

　どこで察知するかというと、上昇トレンドの場合は引いたトレンドラインを割り込んできたところです。下降トレンドは引いたトレンドラインを超えてきたところとなります。

　波動の動きが上昇と下降を繰り返していて一見難しそうな動きになっていたとしても、トレンドラインを引くことで上昇トレンドの継続と終焉を把握することができます。だから、トレンドラインを引くのです。

波動は一筋縄ではいかない

　トレンドラインを引いていても波動の動きは一筋縄ではいきません。それは、トレンドが一本調子で推移しないからです。時間の経過とともにトレンドは勢いをつけたり、または弱くなったりするのです。

　同じ上昇トレンドでも勢いがつけばトレンドラインの角度が変わってきます。より鋭角的なトレンドラインに変わるのです。そのときはトレンドラインを引き直します。下降トレンドも同様です。このように、トレンドも波動のように加速したり減速したりしますので、トレンドラインだけでなく、「チャネルライン」も引くことで、よりトレンドの推移を把握しやすくします。

　では、チャネルラインとはどういったものでしょうか。上昇トレンドの場合は、まず安値と安値を結んだところにトレンドラインを引きます。次に高値のところにトレンドラインと平行に1本補助線を入れるのです。下降トレンドの場合はその逆です（図1-8）。そうすることで、トレンドライン1本よりもトレンドの変化が明確になるために、仕掛けと手仕舞いの戦略を構築しやすくなります。

　なぜ、仕掛けと手仕舞いの戦略が立てやすくなるかというと、トレンドが発生したとわかれば押し目で仕掛けていき、チャネルラインを引いて目先の高値がわかるようになれば手仕舞いにも役立つからです。

　また、応用編としてはチャネルラインの未達成による転換の予兆もわかります。チャネルラインを形成していた価格がチャ

図1-8　チャンネルライン

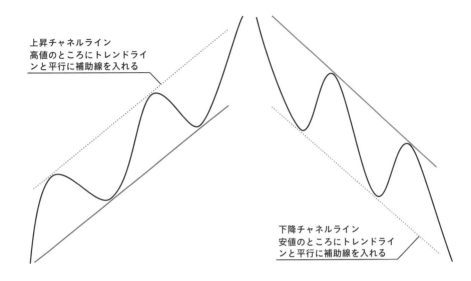

上昇チャネルライン
高値のところにトレンドライ
ンと平行に補助線を入れる

下降チャネルライン
安値のところにトレンドライ
ンと平行に補助線を入れる

ネルラインに届かずに反転するときは転換の予兆となります。
次にトレンドラインを割り込んだところも転換の予兆となりま
す。最後に、直近の安値を割り込んだところが上昇トレンドの
終わりとなります。

　このように波動をそのまま追いかけるのではなく、トレンド
ラインやチャネルラインを入れることで、高度なトレードにす
ることができるようになるのです。

〈チャンネルラインの引き方〉

　①トレンドラインと平行に引く
　②上昇トレンドであればすべての山、下降トレンドであれば
　　すべての谷が入るように引く

―まとめ―

・ファンダメンタルズ分析は、景気動向や企業の業績など様々
な価格変動要因から分析する

・チャート分析はチャートを使って分析する（ファンダメンタ
ルズはチャートに織り込まれているという考え方）

・個人投資家がプロと立ち向かうにはチャート分析が向いてい
る。そのためにはローソク足を理解しトレンドや波動の動き
を確認すること

Chapter 2

小次郎講師式の最先端メソッド 「チャートメンタルズ分析」

① チャートメンタルズ分析とは

　私は、いろいろなところでチャートメンタルズ分析を披露しています。このチャートメンタルズ分析というのは、私が作った造語です。チャート分析とファンダメンタルズ分析を融合しました。この２つを融合するのは当たり前の話なのですが、私がやっているチャートメンタルズ分析は、チャートに重きを置いています。チャートに重きを置いて、世界中のチャートを見ることによって、世界経済を見ていきます。ファンダメンタルの変化をチャートで見ていこうということです。世界中のチャートを見ることによって、世界情勢や経済の変化を分析していくのです。

　ファンダメンタルの専門家と違い、私は「今、こんな状況ですよ」ということを解説することに重きを置いていません。大事なのは、皆さんも「私と同じような分析ができますよ」ということです。

　チャート分析は今、革命的な進化を遂げています。どういうことかというと、「TradingView」（トレーダーのための総合プラットフォーム）で世界中のチャートをほとんど出せるからです。世界中の株価、為替、コモディティ、金利、ありとあらゆるものがTradingViewを通じて出せるのです。それを使うことにより、私が行っている分析と同じことをできるようになります。

　チャート分析（テクニカル分析）とファンダメンタルズ分析

を融合する手法はたくさんあります。私もいろいろと勉強していますが、それらのほとんどがファンダメンタルズを中心としています。ただ、ファンダメンタルズの決定的な欠点は、「どこで買うか」「どこで売るか」を永久に教えてくれないところです。皆さんが、どんなにファンダメンタルズ分析を極めて「なんとなくこれから上がりそうだ」「なんとなくこの株は、これから人気になりそうだ」「世界景気が良くなりそうだな」ということがわかっても、「具体的にどこで買うんですか」「どこで売るんですか」ということは永久にわかりません。だから、そこにチャート分析を加えて「どこで買うか」「どこで売るか」「こういったものを補足しましょう」というものが多いのです。

　私が本書で紹介するチャートメンタルズ分析は、あくまでチャートがメインです。チャートを見ることによって、ファンダメンタルの変化を見ます。「世界の○○の会社の景気がどうだ」という、具体的なファンダメンタルズは見ていきません。チャートだけでそこを読み取っていくということです。これが小次郎講師式「チャートメンタルズ分析」です。

②チャートを見れば世界がわかる

　一般のチャート分析とチャートメンタルズ分析の違いは何でしょうか。一般のチャート分析は取引する銘柄のチャートしか見ません。皆さんが米ドル／円を取引するとしたら、米ドル／円のチャートを見るでしょう。株の取引をするとしたら、株の銘柄のチャートを見るでしょう。コモディティをやるとしたら、金のチャートや原油のチャートを見ます。この**チャートメンタルズ分析は、株・為替・コモディティ・債券（金利）等を比較しながら、世界の変化を総合分析します**（図 2-1-1・図 2-1-2）。

　もちろん、ファンダメンタルズ分析をやる方の中には、株も見ているし、為替も見ているし、コモディティも見ているし、債券も見ているという方はいます。特にアナリストという、皆さんの前でいろいろと発表される方は、こういうものを見ているでしょう。しかし、それを見て、皆さんもファンダメンタルズ分析で、株・為替・コモディティ・債券（金利）の分析をしようと思うと時間が足りません。調べることがたくさんありすぎるからです。株のことだけでも勉強するのが大変なのに、それに加えて為替・コモディティ・債券（金利）も分析するというのは、一般の投資家にとっては難易度が高く、時間的にも難しいことです。

　では、主なチャート分析ではどうでしょうか。チャートメンタルズ分析でチャートを見るということなら、1 日 30 分あれば株・為替・コモディティ・債券（金利）を総合分析し、今の状

図2-1-1　チャートを見れば世界がわかる（NYダウとユーロ／ドル）

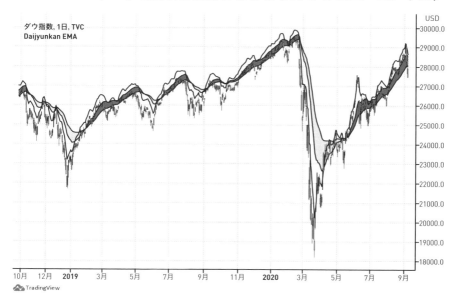

ダウ指数, 1日, TVC
Daijyunkan EMA

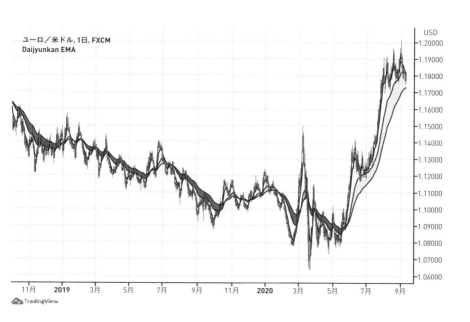

ユーロ／米ドル, 1日, FXCM
Daijyunkan EMA

図2-1-2　チャートを見れば世界がわかる（金と米10年債利回り）

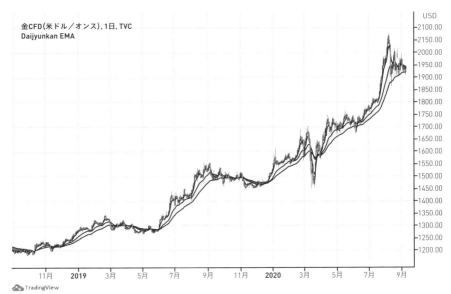

金CFD（米ドル／オンス）, 1日, TVC
Daijyunkan EMA

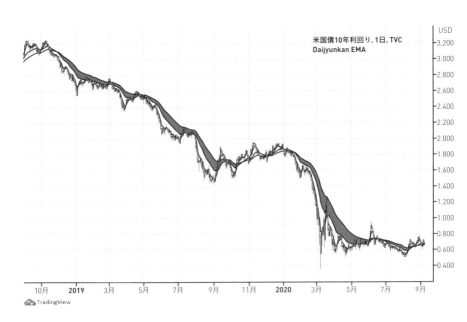

米国債10年利回り, 1日, TVC
Daijyunkan EMA

態がわかります。

　日本の株価を追いかけているだけでは、世界の株がどうなっているのかがわかりません。しかし、チャートメンタルズ分析で見ると世界の株式市場、為替市場、コモディティ市場、債券（金利）市場の変化がどうなっているかが、手に取るようにわかってきます。そして、それぞれの市場の小さな変化を日々追いかけて見ていきます。すると、マーケットで大きな変化が起きるときには、すべてが変化していくということに気がつきます。そこに投資チャンスが生まれるのです。チャートメンタルズ分析を究め、チャートを見て世界の変化を見抜けるようになっていきましょう。

③ 世界は連動している

「世界は連動している」というのがチャートメンタルズ分析の考え方です。株・為替・コモディティ・債券は連動しています。これは、当たり前の話です。為替が大幅に円安になると、日本の株は上がっていきます。為替が円高になると、日本の株は下がりやすいです。このように、世界の株と為替の関係は、国ごとに影響があり（図2-2）、コモディティ・債券も影響があります。

　例えばオーストラリアは、鉱山関係のビジネスがたくさんあります。いろいろな鉱山、金などの価格が上がると、豪ドルが買われます。逆に、そのようなものが下がると、豪ドルが下がります。株・為替・コモディティ・債券は連動しています（図2-3）。

　チャートを見れば世界がわかります。世界がわかれば、個別株までわかります。その世界が連動している流れを一緒に見ていきましょう。そこで大事なことは、日々チャートの形状を見ているうちにその形が頭に入っていることです。例えば、日経平均の株価のチャートを毎日見ていれば、それが頭に入ってきますが、これがもし数字というデータであれば、なかなか覚えられません。私は株価のチャートを毎日見ていますが、どの銘柄が何円か、その正確な数字はなかなか覚えられません。人はデータや数字、文字は覚えずらいのですが、形状ならば覚えやすいです。それがどのように変化していくのかを追いかけていきましょう。

図2-2　日経平均と為替は連動しやすい

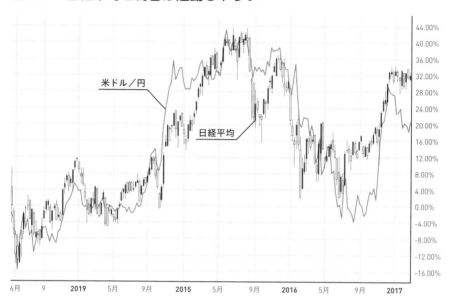

図2-3　豪ドルと金は連動性が高い

　チャートは上がったり下がったりします。そのときに大事なことは、大局がどうなのかということです。大局が上がっている中の下げなのか、大局が下がっている中の上げなのか。大局トレンドが上がっているのか下がっているのか、このようなことを意識することが大事です。

　具体的に見ていきましょう（図2-4-1・図2-4-2）。2016年の2月から世界の株が上がり出しました。世界全体の株が大局で上がり出したというのは、2016年2月からなのです。そして、それが2017年まで続きました。

　2008年、「リーマンショック」という暴落がありました。リーマンショックの次に大きな暴落は、「チャイナショック」です。これは2015年に起こりました。このような大きな動きになったときに世界の株価を比較すると、世界が連動しているというのがよくわかります。

　では、2016年2月にかけて何が起こったのでしょうか。2015年8月にチャイナショックが始まりました。その影響を受けて、2016年2月まで世界の株は下がっていました。世界の一部の株だけでなく、世界全体が下がっていたのです。底打ちしたのが2016年2月です。そこから大局の上昇相場が始まりました。過去の値動きを追いかけると、様々な局面で世界が連動しているということを再確認できます。

　ただし、上がる幅・下がる幅は国々で違います。どのくらい上がるのか下がるのかということになると、景気の良い国は大きく上がり、景気の悪い国は少ししか上がりません。下がるときには、景気の悪い国は大きく下がり、景気の良い国は少しし

図2-4-1　世界は連動している①

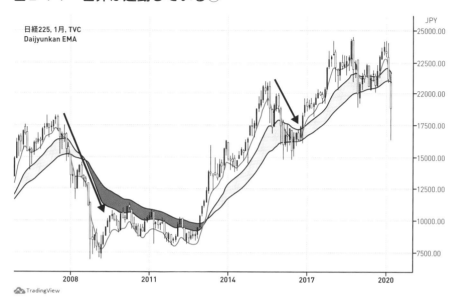

日経225, 1月, TVC
Daijyunkan EMA

上海総合指数, 1月, TVC
Daijyunkan EMA

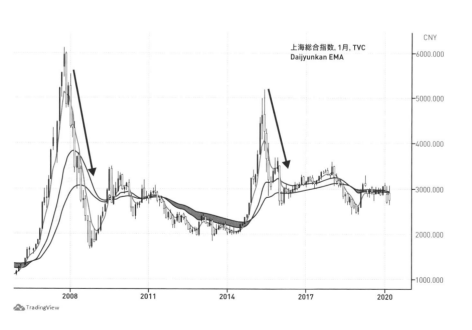

図2-4-2　世界は連動している②

か下がりません。このように、上がる幅・下がる幅は国々の景気によって違いますが、上がる時期には、世界全体で株にお金が流れ込んで世界中で株が売買されることになりますので、その影響を受けて世界中で同時に株価が上がり出します。下がる時も同様に連動して下がっていくのです。

④ 株・為替・債券・コモディティ、それらが同時に動き出すのがビッグチェンジ

　世界の変化を総合分析することで、マーケットの大きな変化に気づくことができます。このチャートメンタルズ分析は、株・為替・債券（金利）・コモディティを比較していきます。もちろん、ファンダメンタルズ分析をやる方も、株も見ているし、為替も見ているし、コモディティも見ているし、債券も見ているという方はいます。これをチャートで見ることにより、時間で世界の情勢の変化を察知していきます。

　世界の株価は上昇したり下降したりします。景気が良くなれば株価は上昇しやすく、景気が悪化すれば株価は下降しやすくなります。世界の金利も動いています。中央銀行の金融政策や景気の動向に影響されて変動します。為替も当然ながら各国の経済力の関係や金利の動向などから変動します。金もリスクが高くなると上がりやすくなり、リスクが低くなると下がりやすくなります。そして、それらが一斉に変化する局面があります。その変化するときに、投資チャンスがあるので、そのようなものを見抜けるようになりましょう。

　投資の勉強をされている方は大勢います。皆さんが他の投資家よりも1歩2歩先に行くにはどうしたらよいでしょうか。他の投資家とまったく同じことをやっていたら、皆さんだけが勝つということはなかなかありません。

　他の投資家と違う視点で、どうやっていち早くチャンスを掴めるかということが、勝ち組になるために一番大事なことだと

思います。日本の個人投資家の中の8割以上の方は、チャート
メンタルズ分析のことに気がついていません。気がついている
かもしれませんが、それを分析していません。分析することが
大変だと思っています。「世界中の株の動きを見ましょう」「世
界中のコモディティの動きを見ましょう」「世界中の金利の動き
を見ましょう」「為替も見ましょう」と言っても、無理ですよね。
個人投資家に、そんなことができるはずがありません。それが
1日30分でできます。1日30分でできるとしたら、皆さんに
とっては大きなアドバンテージになりますよね。

　まとめます。近年の傾向として、世界の連動性が高まってい
ます。株の上昇下落は、世界で株式市場にお金が流れ込んでい
るのか、流出しているのかで決まります。ここ20年くらい、ど
んどん関連性が高まってきて、現在は関連性が極めて高くなっ
ています。私は投資の世界に40年いますが、20年前は国同士
の関連性は希薄でした。だから、日本がいくらバブルで景気が
良くても他の国は景気が悪かったり、他国の景気が良くても日
本は悪かったりと、国ごとによって様相が違いました。世界が
連動しているなんてことは隣国くらいの連動であり、地理的距
離が離れたらまったく関係ないという状態でした。

　今は、株が上がっているというと世界中が上がっています。株
が売られているというと、世界中が下がっています。「日本だけ
が」という動きも、もちろんあります。日本で不祥事があった
り、とんでもないことがあったりするときです。ただ、それは
あっという間に終わります。だから、皆さんが日本で何か大き
く上がっている、下がっているということがあり、世界がそれ

図2-5-1　株・為替・債券・コモディティが同時に動き出すのがビッグチェンジ①

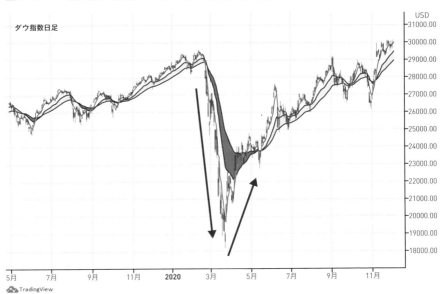

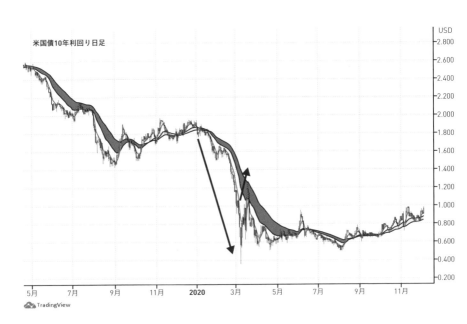

図2-5-2 株・為替・債券・コモディティが同時に動き出すのがビッグチェンジ②

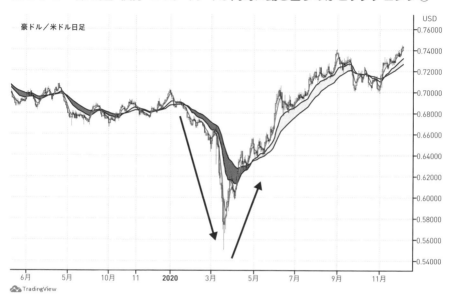

豪ドル／米ドル日足

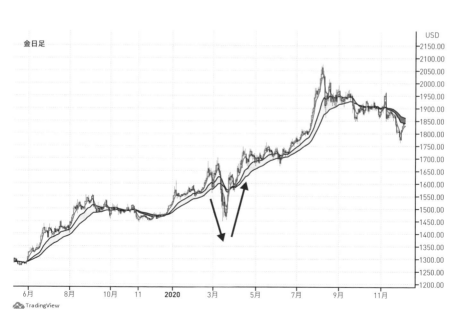

金日足

図2-5-3　世界中の株価が同時に動き出す①

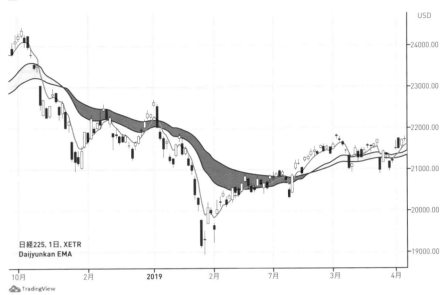

図2-5-4 世界中の株価が同時に動き出す②

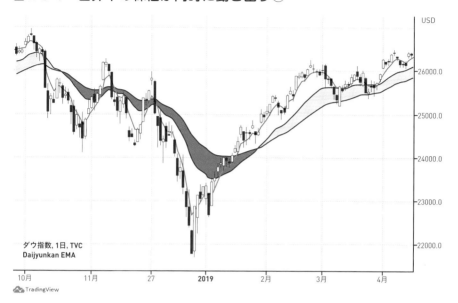

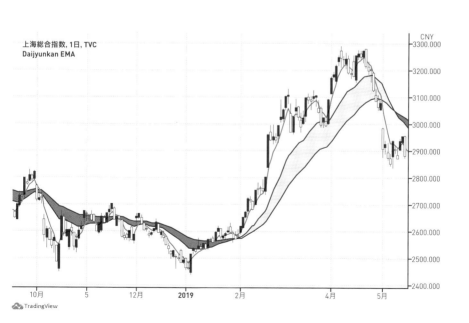

に連動していないとすれば、それはあっという間に終わる下げ・あっという間に終わる上げだと思ってもらってよいです。

　世界が連動して、ある瞬間、上昇トレンドだったものが下降トレンドに変わり出したり、下降トレンドが上昇トレンドに変わり出したり。これが、世界で同時に起こったときにビッグチェンジとなるのです（図2-5-1・図2-5-2）。

　直近の例でいうと、2018年10月です。このときも世界中で株が下がり出しました。2018年10月に上がっている国などは、恐らく世界の中で5%あるかないかくらいの話でしょう。ほとんどの国が10月から下げ出して、12月末まで下げました。2019年になると1月から4月、世界中が上げ出しました。日本だけが持ち直しているのではなく、世界中が上がっています（図2-5-3・図2-5-4）。

―まとめ―

- ・チャートメンタルズ分析とは、世界中のチャートを見ることで世界情勢や経済変化などのファンダメンタルの変化を分析する手法です
- ・チャートを見れば世界のマーケットが連動していることがわかります
- ・連動しているマーケットにおいて、株・為替・債券・コモディティが同時に動き出す局面があります。それが、ビッグチェンジとなり、我々にとっては大きなチャンスとなります

Chapter **3**

世界一簡単で
世界一使えるチャート分析
「移動平均線大循環分析」

移動平均線とは？

「移動平均線」とは過去一定期間の終値の平均値を計算し、そこで求めた値を結んだ線のことです。

チャート分析における代表的な手法に、テクニカル分析があります。テクニカル分析はトレンド系とオシレーター系（相場の変化を大きさで判断）に分かれますが、移動平均線はトレンドを探るためのトレンド系の分析手法です。

移動平均線の役割は大きく分けて2つあります。1つ目の役割は**価格の動きを滑らかにすること**です。どういうことかというと、ローソク足は大きく変動し、上がったり下がったりしていてトレンドが掴みずらいところがあります。その動きを移動平均線に変換すると価格が平準化されて滑らかな動きになります。だから、トレンドがわかりやすくなるのです。

移動平均線の役割の2つ目は、**その期間に買った人が平均してどれぐらい儲けているか損しているかがわかること**です。どういうことかというと、現在の価格と移動平均線の関係を見ると、買い方と売り方のどちらが有利に相場展開を進めているかが一目でわかるようになります。

単純移動平均線（SMA）というのは、**過去のある期間（任意の日数）の終値の平均値をつないだ線**です。例えば、5日移動平均線を例にしてみましょう。

移動平均線を導き出すための計算式は、実にシンプルです。これらのテクニカル分析をマスターするためには、必ずそのテク

ニカル手法の計算式を理解しましょう。

〈計算式〉（例）5日平均線
｛（基準日の終値）＋（前日の終値）＋（2日前の終値）＋
（3日前の終値）＋（4日前の終値）｝ ÷5

　過去5日間の平均値を今日の位置に描き、それを繰り返しつなげていきます。そうすると、あるときは価格が移動平均線の上にあり、またあるときは価格が移動平均線の下にあることがわかります（図3-1）。実はそこに意味があるのです。どういうことかというと、今日の価格と過去5日間の平均値を比較することで、過去5日間に買った人が平均してどれくらい儲けてい

図3-1　日経平均株価（2018.12.3 ～ 2020.1.17）

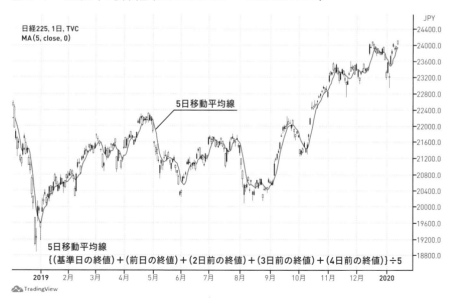

るか損しているかということがわかるのです。

　具体例で紹介しましょう。例えば5日移動平均線の今日の値が500円とします。そして、今日の終値が600円とすると、この5日間で買った人は平均して100円儲けているということです。それが移動平均線の本質です。

　移動平均線の本質を理解することができた方には、ここからはゴールデンクロス、デッドクロスということを解説していきます。**移動平均線をテクニカル分析で使うときに有名な買いシグナル、売りシグナルのことを「ゴールデンクロス」「デッドクロス」と呼びます。移動平均線とローソク足が交差するところで、典型的な買い場、売り場といわれています。**

　ではまず、ゴールデンクロスの買いサインを見ていきましょう。ゴールデンクロスとは価格が上向きに移動平均線とクロスすることです。逆に、デッドクロスの売りサインとは価格が下向きに移動平均線とクロスすることです。この2つがテクニカル分析で一番有名なシグナルとなります（図3-2）。

　注意してほしいのが、テクニカル分析のシグナルを、買いサインとか売りサインとかを判断する役割だけで終わらせないことです。なぜそれが買いサインなのか、なぜそれが売りサインになるのかまで理解することが重要です。そうでなければ本当の意味で使える、つまり勝てるようにはならないのです。

　では、ゴールデンクロスとデッドクロスというものを、より具体的に見ていきましょう。**ゴールデンクロスとは、それまで平均的に計算上マイナスだった買い方がプラスに転じる分岐点**

図3-2　移動平均線と価格のゴールデンクロスとデッドクロス(1998.8 ～ 2001.7)

のことです。逆に、デッドクロスとはそれまで平均的に計算上
プラスだった買い方がマイナスに転じる分岐点のことです。
　ゴールデンクロスとデッドクロスがそれぞれ損益の分岐点と
なるということは、その分岐点を境に投資家の心理が大きく変
わってくるということです。
　心理的に強気になる分岐点がゴールデンクロスで、弱気にな
る分岐点がデッドクロスということです。だから、ゴールデン
クロスが買いのサインとなり、デッドクロスが売りのサインに
なるのです。この理解の順番を間違ってはいけないのです。

ここで、確認をしておきましょう。

チャート分析または移動平均線を覚えるときは、

1．計算式を覚える
2．計算式の意味を理解する
3．計算式をもとにその指標がどこを見ているのかを知る
4．売買サインを学ぶ
5．それが、なぜ買いサインなのか、なぜ売りサインなのか
　を知る

このことを理解しておくことで、チャート分析または移動平均線を本当の意味で使えるようになり、勝てるようになっていくのです。

次に、移動平均線を2本使う場合を見ていきましょう。

移動平均線を2本使う場合は、短期の移動平均線と長期の移動平均線を使う場合が多いです。短期の移動平均線には5日や10日を使い、長期は20日、25日、50日、100日、200日などを使うことが多いです。

価格と移動平均線の関係のように、2本の移動平均線にもゴールデンクロス、デッドクロスと呼ばれる買いサイン、売りサインがあります。**ゴールデンクロスとは短期移動平均線が長期移動平均線を下から上へクロスすることで買いのサインとなり、デッドクロスとは短期移動平均線が長期移動平均線を上か**

図3-3 2本の移動平均線のゴーデンクロスとデッドクロス(2019.4.3 ～ 2019.7.5)

図3-4 移動平均線大循環分析(2018.12.11 ～ 2020.1.17)

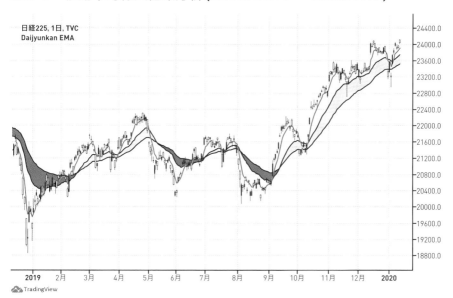

ら下へクロスすることで売りのサインとなります。

　最近は価格と移動平均線のクロスよりも、2本の移動平均線のクロスのほうがよく使われています。そして、その2本は短期移動平均線が5日、長期移動平均線が20日となっているチャートが多いようです。20日とは20営業日ということになるので、約1カ月の損益の分岐点を見ています。そして、5日移動平均線は一週間の動きを見ると同時に、ローソク足の代用としても使われています（図3-3）。

　この2本の移動平均線に、もう1本プラスして3本の移動平均線で分析するのが、究極の移動平均線分析といわれる**「移動平均線大循環分析」**となります（図3-4）。

② エッジ（優位性）とは

　移動平均線大循環分析を使うことで、「エッジ（優位性）」が浮き彫りになります。では、エッジがどのようなものかを見ていきましょう。トレードにおいて大事なことは、現在の状況を正しく分析することです。そして、その分析をもとにこれから先の展開を的確に予測します。

　チャート分析はどこにエッジがあるかをわかりやすくするものです。通常、相場において上がるか下がるかの確率は50：50です。ところが、確率的に見て買いが有利な局面、売りが有利な局面というのが出てきます。ゴールデンクロスが買いのサイン、デッドクロスが売りのサインというのがそれです。

　これもエッジを浮き彫りにするために使います。そして、移動平均線大循環分析は3本の移動平均線を使います。短期移動平均線、中期移動平均線、長期移動平均線です。すると、並び順は6種類になります。そのうち、上から短期、中期、長期の順番になるところ、下から短期、中期、長期となるところが出てきます。

　ここの局面を「パーフェクトオーダー」といい、通常のゴールデンクロスやデッドクロスよりもエッジが浮き彫りになるのです。上から短期、中期、長期の順になり3本の移動平均線が右肩上がりになっているところは買いにエッジがあり（図3-5）、やや買いが有利になります。下から短期、中期、長期となり3本の移動平均線が右肩下がりになっているところは売りにエッ

図3-5　買いにエッジがあるところ(ジャスダック　日足　2019.7.4 ～ 2020.01.17)

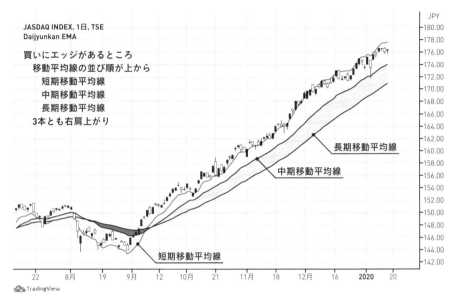

図3-6　売りにエッジがあるところ(マザーズ　日足　2018.5.31 ～ 2018.8.23)

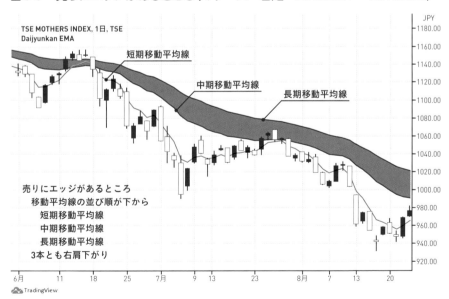

ジがあり、やや売りが有利になります（図3-6）。

　この「やや」というのがポイントで、せいぜい6割程度有利になるというイメージです。6割程度と聞いて、確率が低いとがっかりした方もいらっしゃるかもしれません。しかし、投資の世界で「絶対儲かる」とか「8割から9割間違いない」といった話はデタラメです。

　移動平均線大循環分析で、パーフェクトオーダーといわれるところでも6割程度なのです。ということは、4割くらいはエッジがあったとしても外れることがあるということです。だから、「エッジがあるところが絶対儲かるところ」と安易にとらえると失敗につながっていきます。もう一度いいますが、**エッジとは確率的にやや買いや売りが優位な局面である**ということを肝に銘じておきましょう。

〈買いにエッジがあるところ〉
　移動平均線の並び順が上から短期・中期・長期、なおかつ3本とも右肩上がり
〈売りにエッジがあるところ〉
　移動平均線の並び順が下から短期・中期・長期、なおかつ3本とも右肩下がり

　買いと売りにエッジがあるところがわかると、チャート上の価格変動を３つに分けることができます。

　１．安定上昇期
　２．安定下降期
　３．それ以外

　安定上昇期と安定下降期はわかりやすい時期であり、それ以外はわかり難い時期となります。チャートがわかり難い時期にどうやって投資をするか悩むのではなく、エッジのあるわかりやすい時期に、しっかりと利益を狙っていきましょう。

③ 大循環とは

　移動平均線大循環分析では3本の移動平均線を使います。なぜ3本使うかというと、短期トレンド（5日移動平均線）、中期トレンド（20日移動平均線）、長期トレンド（40日移動平均線）を使うことにより、短期の動きから中期、長期と見ていくことで、それぞれの方向性を確認でき、現在の相場状況を把握することができるからです。そして、私は単純移動平均線ではなく、指数平滑移動平均線（EMA）を推奨しています。

　短期でトレードをしている人は買っても直ぐに売るので、短期トレンドは一番動きが荒くなります。一方、長期トレードをしている人は買って流れが出てきても直ぐには売りませんので、上昇要因となります。

　このように、短期・中期・長期の動きを見比べることができるのが移動平均線大循環分析のすごいところです。そして、3本の移動平均線を使うことで、その並び順は6つのパターンになります。それが大循環していくことで、次にどのような流れがくるのかを予測することができるのです。

　このパラメーターは5日、20日、40日でなければいけないかというと、そうではありません。私の場合、長年の研究の結果、短期は5日（1週間）、中期は20日（約1カ月）、長期は40日（約2カ月）が移動平均線大循環分析を使うにあたって相性が良いと考えているからであって、取引する銘柄によってパラメーターを変えることはまったく問題ありませんし、自分流のパラ

メーターを使うことは素晴らしいことです。ただ、どのパラメーターを使ってよいかわからない方は、まずはこの5日、20日、40日を使ってみてください。

　3本の移動平均線の並び方は6パターンしかありません。私はこの並び順によって、上から短期・中期・長期となる期間を「第1ステージ」というように、「ステージ」と呼んでいます。

〈6つのパターン〉
　第1ステージ　　短期・中期・長期
　第2ステージ　　中期・短期・長期
　第3ステージ　　中期・長期・短期
　第4ステージ　　長期・中期・短期
　第5ステージ　　長期・短期・中期
　第6ステージ　　短期・長期・中期

　移動平均線の並びについて説明します。これら短期・中期・長期の3本の移動平均線の並び順は、トレンドの変化に合わせて決まった順番で変化します。どういうことかというと、変化の順番は基本的に正順と逆順という流れに分かれます。
　正順というのは、第1ステージの次に第2ステージ、そして、第3ステージ、第4、第5、第6と順番にステージが変わっていく流れです。全体からすると約6割前後がこの流れになっていると感じています。
　一方で、逆順とは第3ステージが第2ステージに、第1ステー

ジにと逆に動いていく流れです。この逆順になるときの特徴は「押し目」や「戻り」のときに発生します。押し目のときは、第1ステージから第2ステージや第3ステージへと売りが出て調整が入ったものが、再び買い勢力が復活して、第2ステージや第1ステージへとなって買いにエッジがある状態へ戻るときに一時的に発生しやすくなります。

　また、第4ステージから第5ステージや第6ステージへと買いが出て調整が入ったものが、再び売り勢力が復活して、第5ステージや第4ステージへとなって売りにエッジがある状態へ戻るときにも逆順になります。

　このステージの変化とは移動平均線の並び順ですので、第1ステージのときであれば上から短期・中期・長期の順番となります。そこからステージが変わるときに正順であれば第2ステージとなるわけですが、いきなり第3ステージにはなりません。なぜなら、一番上の線が下がるときには真ん中の線を抜けないと一番下まで行かないからです。

　この当たり前の理屈を理解することで、現状分析ができるだけでなく、ここから次の相場展開も予測できるというのが移動平均線大循環分析の素晴らしいところです。

　買いにエッジがある第1ステージがくる前の第5ステージや第6ステージで準備ができるというのは、投資家にとっては嬉しいことだと思います。また、第4ステージは売りにエッジがあるところですが、第2ステージや第3ステージのところから準備ができるので心構えが違ってきます。ですから、それぞれのステージがどういう状況なのかを理解していきましょう。

第1ステージ　上昇期
第2ステージ　上昇相場の終焉
第3ステージ　下降相場の入口
第4ステージ　下降期
第5ステージ　下降相場の終焉
第6ステージ　上昇相場の入口

　移動平均線大循環分析における3本の移動平均線の並び順とそのステージの状況を理解したら、次はステージの順番に沿って流れを確認していきましょう（図3-7）。

　まず、第1ステージは上昇期で、上から短期、中期、長期の順番でした。それが第2ステージへの移行は、短期が中期を上から下に抜けて、中期、短期、長期の並び順になります。これは、短期が中期に対してデッドクロスすることで上昇期が終わったことを示しています。

　次に、第2ステージから第3ステージへの移行は、短期がさらに下がって長期を上から下に抜けることで発生します。並び順は上から中期、長期、短期となります。つまり、短期が長期に対してデッドクロスすることで、下降相場の入口に向かうのです。

　第3ステージから第4ステージへの移行は、中期が下がって長期を上から下に抜けることで発生します。並び順は上から長期、中期、短期となります。つまり、中期が長期に対してデッドクロスすることで、下降期へとなっていきます。

　第4ステージから第5ステージへの移行は、短期が底打ちし

図3-7　移動平均線大循環分析の6つのステージ

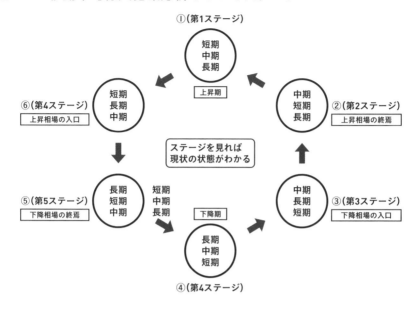

て切り返し、中期を下から上に抜けることで発生します。並び順は上から長期、短期、中期となります。つまり、短期が中期に対してゴールデンクロスすることで下降期が終わったことを示しています。

　第5ステージから第6ステージへの移行は、短期が長期を下から上に抜けることで発生します。並び順は短期、長期、中期となります。つまり、短期が長期に対してゴールデンクロスすることで上昇期への入り口に向かうのです。

　最後に、第6ステージから第1ステージへの移行は、中期が長期を下から上に抜けることで発生します。並び順は上から短期、中期、長期となります。つまり、中期が長期に対してゴールデンクロスすることで上昇期へとなっていきます。

　このように、移動平均線大循環分析の6つのステージは、3つのゴールデンクロスと3つのデッドクロスから出来上がります。それよりも大切なことは、このステージの変化は買い方と売り方の戦いの軌跡であると同時に、移動平均線が買い方と売り方の損益分岐点であるということを理解すると、もう一段レベルアップした分析ができます。

　つまり、短期を5日、中期を20日、長期を40日だとすると、第1ステージから第2ステージへの移行は、過去1カ月間の買い方の収益がプラスからマイナスに転じたということなのです。

　ということは、第2ステージから第3ステージへの移行は、過去2カ月間の買い方の収益がプラスからマイナスに転じたということになります。移動平均線大循環分析において、ステージの変化は単なるサインということではなく、買い方と売り方の損益が切り替わっていく節目となるために、相場の現状の力関係が変化しやすくなるときであると言えます。

—まとめ—

・移動平均線を理解するためには計算式を理解しましょう
・移動平均線の役割は大きく分けて2つあります。1つ目の役割は価格の動きを滑らかにすることです。もう1つは、その期間に買った人が平均してどれぐらい儲けているか損しているかがわかるということです
・移動平均線大循環分析を使うとエッジ（優位性）が浮き彫りになります

・まずは、移動平均線大循環分析の６つのステージとその移動平均線の並び順を覚えましょう
・移動平均線は単純移動平均線ではなく、指数平滑移動平均線を推奨しています

Chapter **4**

世界の株価指数を見れば
個別株までわかる
「世界の株価分析」

世界の株価指数の連動性と、そこから世界経済を読み解く方法

　皆さんは、「世界の株価指数を見れば、日本の個別株がわかる」という理屈を理解できているでしょうか。どういう理屈かというと、世界全体で株が買われているときは、業績の悪い会社の株も買われてしまいます。一方で、世界全体で株が下がっているときには、業績の良い会社の株も下がってしまいます。皆さんが取引をするとき、個別株の業績が良い悪いというのは、もちろん大事な話です。だから、その会社の過去の決算や業績の伸び、商品の売上などを見ることは絶対に必要です。しかし、世界全体の株が下がっているときは、優良株も売られてしまうのです。逆に言うと、少々業績が悪くても、世界全体の株が上がっていると買われてしまうのです。それを理解すると、**最初に「世界はどうなのか」ということを見る必要がある**ということがわかります。

　残念ながら、この観点が個人投資家にはありません。日本の個人投資家は株を勉強するときに、その会社のPER（株価収益率）やPBR（株価純資産倍率）、決算や四半期報告などはものすごく見ています。でも、今現在、世界で株式市場にお金が流れ込んでいるのか、出ていっているのかということには、ほとんど注目を払っていません。裏を返せば、ここに投資チャンスがあります。

　では、実際にチャートを見ていきます。私はTradingViewというツールを使って日々チャートを見ていますので、ここから

は TradingView でのコードや機能の使い方なども交えて解説していきます。TradingView を使ったことがないという方は、Chapter12 を参考にしながら読み進めてください。

　まずは、世界の株価指数です。それぞれの名称とコードを覚えていきましょう。米国の NY ダウ（DJI）、ドイツの DAX（DEU30）、フランスの CAC40（PX1）、イギリスの FTSE100（UKX）、カナダのトロント総合指数（TSX）、中国の上海総合指数（SHCOMP）などが主な株価指数となります。そして、日本の日経平均株価（NI225）や東証株価指数（TOPIX）も世界の株価指数と連動しています。では、実際にそれぞれのチャートから世界が連動しているということを見ていきましょう（図4-1-1 〜図4-1-8）。

　2020 年前後からの動きを見てみると、世界が連動していることがよくわかります。この 2020 年 2 月からの動きは、世界を震撼させている新型ウイルスによるコロナショックの影響です。チャートを見ると、見事に連動しているのがわかります。中国・武漢での都市封鎖が世界よりも早く行われ、このときは中国やその周辺だけの問題となっていたので、上海総合指数だけが先行して下がっていました。しかし、その後の世界の株価の動きは上海総合指数と似た動きになっています。2020 年 2 月後半から世界の株価が下落してきました。そして、世界の株価はおおむね 3 月半ばから後半前後で底打ちをしています。それからは、全体的に価格が切り返しており、世界の株価が連動しているというのがよくわかります。では、この連動性が今回だけの偶然なのかどうかを、過去に遡って見ていきましょう。

図4-1-1　NYダウ（米国）

図4-1-2　DAX（ドイツ）

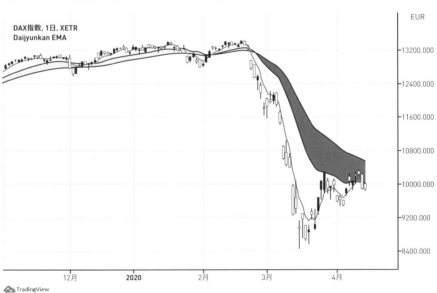

図4-1-3　CAC40（フランス）

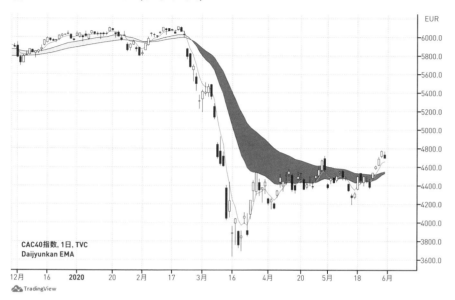

図4-1-4　FTSE100（イギリス）

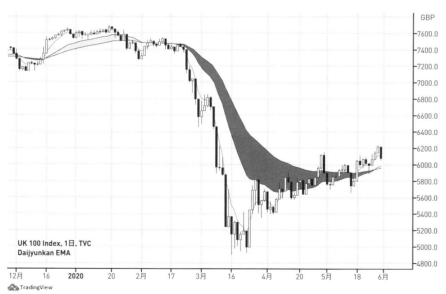

図4-1-5　トロント総合指数(カナダ)

図4-1-6　上海総合指数(中国)

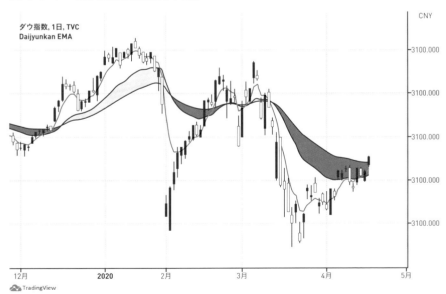

図4-1-7 日経平均株価（日本）

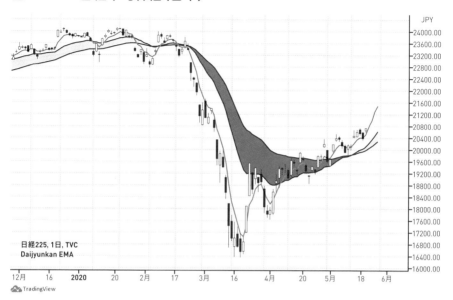

図4-1-8 東証株価指数（日本）

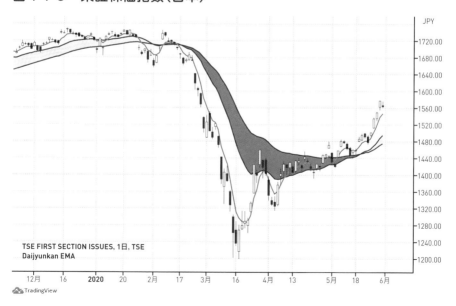

②チャートで見る各国の株価指数

　まずは、NYダウから順番に見ていきましょう。2017年9月から2019年4月の動きをそれぞれ見てきます。2017年9月から2018年1月にかけて上昇しました。2月は下げました。7月まではもみ合い相場となり、そこから10月まで上昇しました。2018年の12月までは下げました。年末から2019年5月に向けては上昇する動きとなっています（図4-2-1）。

　では、順に他の国の株価指数も見ていきましょう。ドイツのDAXは2018年1月まで上昇しました。2月から3月は下がりました。5月は上昇し、そこから年末まで下がりました。2019年は上昇しています（図4-2-2）。

　次に、フランスのCAC40のチャートを見てみましょう。2017年9月から2018年1月まで上がりました。2月は下がりました。3月まで下がり、4月から戻していきました。戻していた相場が10月から下げ出し、年末まで下げました。年が変わり、1月から4月まで安定的に上がっています。フランスでは、マクロン大統領に対する支持率が下がり、毎週のようにデモが起こって、経済的には大変混乱していました。それでも、上がるときには上がっています（図4-2-3）。

　では、イギリスのチャート（FTSE100）はどうでしょう。イギリスではEU離脱問題があり、非常に揉めていました。ボリス・ジョンソン氏が首相になるかどうかという時期で、彼はイギリスのトランプ大統領といわれていました。ジョンソン氏が

図4-2-1　NYダウ（米国）

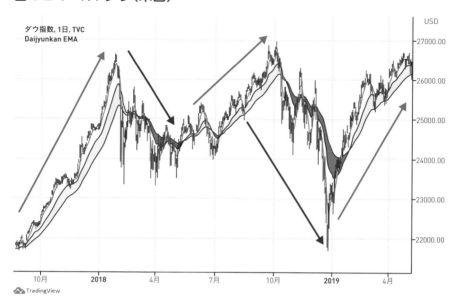

図4-2-2　DAX（ドイツ）

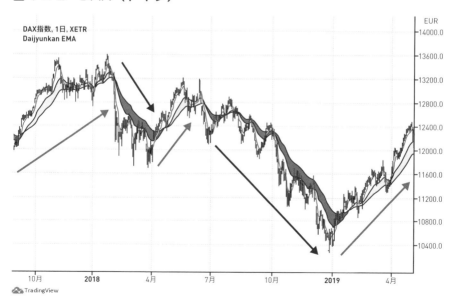

図4-2-3　CAC40（フランス）

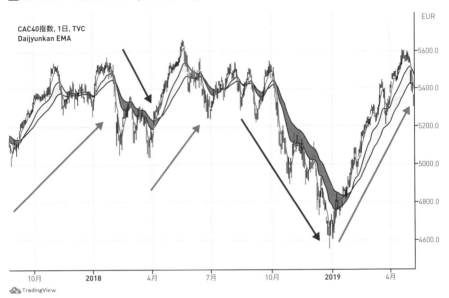

図4-2-4　FTSE100（イギリス）

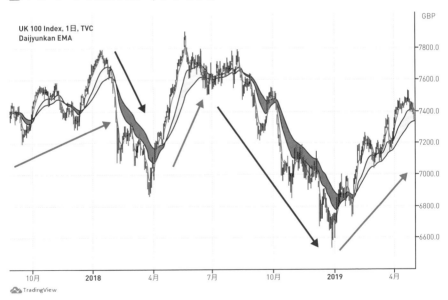

首相になれば、ポンドが売られ経済が混乱するといわれていましたが、2017年9月から2018年1月まで上がりました。2月から3月まで下がりました。4月から上がりました。それが10月から年末まで下がりました。2019年になって上がっています（図4-2-4）。これらの動きは他の国とまったく一緒です。ただし、その上げ幅・下げ幅ということでいうと、その国ごとの情勢で、景気が良いところは大きく上がり、景気が悪いところは上がらないという差があります。

　次はカナダのチャート、トロント総合指数。これがカナダの平均株価です。2017年9月から2018年1月まで上がりました。2月から3月は下がり、4月から戻していきました。10月から下がり、年末まで下がりました。2019年になり、1月から4月まで大きく上がっています。この一連の動きが世界全体で一緒なのがわかります（図4-2-5）。

　さらに、今度は中国の上海総合指数の株価を見てみましょう。世界の中心となる株価指数の中で唯一の共産圏の株価指数ですので、他の国よりは形状が違います。それでも上がる時期や下がる時期は似ており、世界のマーケットが動くときは同じように連動しているのがわかります（図4-2-6）。

　では、日本のチャートを見てみましょう。日経平均株価とTOPIXです。もちろん、時期や値幅などの若干の違いはありますが、日本も世界の中の日本であることがよくわかる動きとなっており、やはり世界の連動性が見て取れます（図4-2-7・図4-2-8）。

　近年の傾向として、世界の連動性が高まっているということ

は先ほどもお伝えしました。なぜ、世界の連動性が高まったのでしょうか。私はこのことをずっと研究しています。やはり、ファンドの影響が非常に大きいと思います。機関投資家やいろいろな大口投資家が株を買うとき、「日本株を買います」「ソニーを買います」「トヨタを買います」というようにターゲットを絞っているのではなく「バスケット」、つまり全体で買っているのです。バスケットには、「日本株ファンド」「アジアファンド」そして「ヨーロッパファンド」「新興国ファンド」などがあります。これらは、「この国とこの国で一定額を買う」という手法を取っています。アジアファンドなどであれば、中国が何割、日本が何割、韓国、ベトナム等々、そういうところ全体でアジアファンドとして買います。

「中国がこれから成長する」と思えば、アジアファンドにドッとお金が流れ込んできます。ところが、「中国が苦しい」「しばらくの間、中国は経済的に停滞があるぞ」となると、アジアファンドを売ります。アジアファンドを売った瞬間に、日本株も同時に売られます。ワンセットなのです。その量が大きいので、連動して上がったり下がったりしてしまうのです。そういうことが世界中で起きていると思っています。

　各国の経済状態はどのように影響するのでしょうか。景気のいい国は、下がるときに下げ方が少ないです。いい国は、上がるときに大きく上がります。個別の動きよりも、全体のほうが影響が大きいのです。

図4-2-5 トロント総合指数(カナダ)

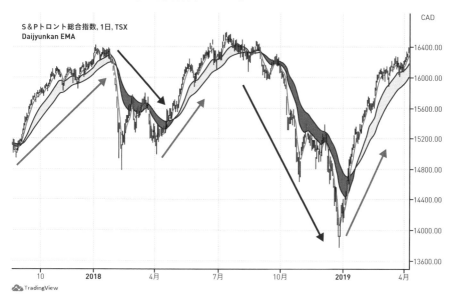

図4-2-6 上海総合指数(中国)

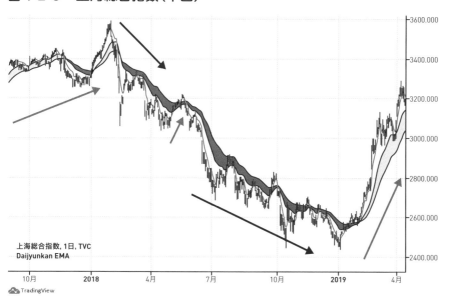

図 4-2-7　日経平均株価（日本）

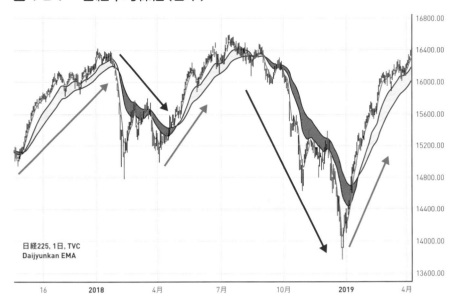

図 4-2-8　東証株価指数（日本）

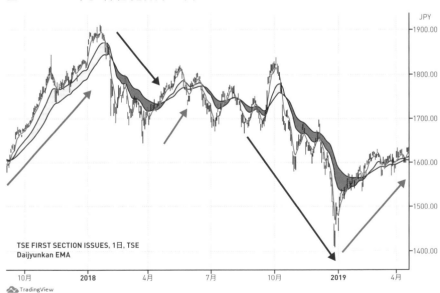

③ 世界を見れば 日本の個別株までがわかる

　個別株にもそれが影響するのか、もしくは個別株ではどう見ればよいのかを見ていきましょう。前述のチャートの流れは頭に入っていると思いますが、もう一度整理をします。2017年9月から2018年1月まで上昇しました。そして、2月から3月にかけて大きな下げがありました。4月から持ち直してきましたが、10月から12月にさらに大きな下げがありました。年を越して持ち直し、1月から4月までは上がっていました。

　まずは、日経平均（図4-3-1）に採用されている「（6367）ダイキン工業」です（図4-3-2）。では、見ていきましょう。2017年10月から2018年1月にかけて上がりました。2月、3月まで下げました。4月に持ち直し、回復したのですが、10月から再度下がり、年末まで下がりました。年を越したら1月から4月まで上がっています。上げ幅が大きい小さい、下げ幅が大きい小さい、その差はあるにせよ、日経平均の動きと同じです。つまり、世界の動きと連動性が高いことがわかります。これは日経平均の銘柄だから当たり前だと思われるかもしれません。

　次に、日経平均非採用のチャートをお見せします。「（4716）日本オラクル」です（図4-3-3）。日経225（東証1部上場銘柄から代表的な225銘柄をもとに算出された株価指数。日経400は400銘柄から算出）の採用銘柄には入っていません。ただし、日経400銘柄には入っています。見た瞬間は日経平均の動きと違うようにも見えますが、よくよく見ると同じです。2017年9月

図4-3-1　日経平均株価

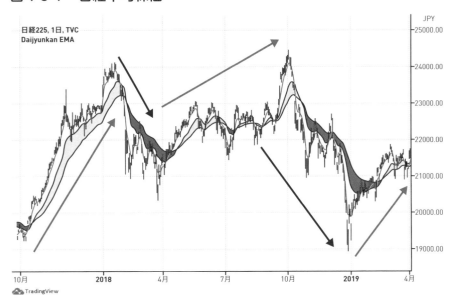

図4-3-2　ダイキン工業

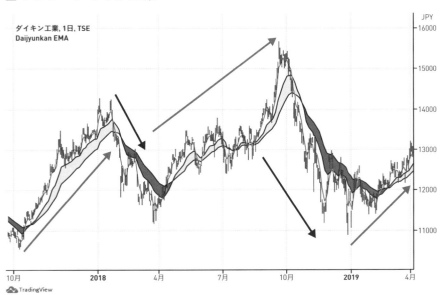

図4-3-3　日本オラクル

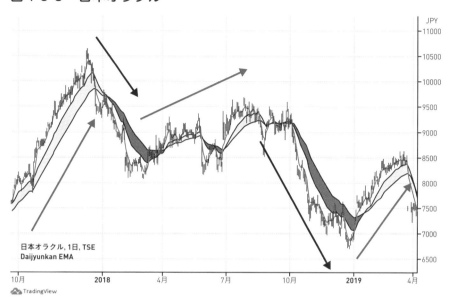

日本オラクル, 1日, TSE
Daijyunkan EMA

図4-3-4　WDBホールディングス

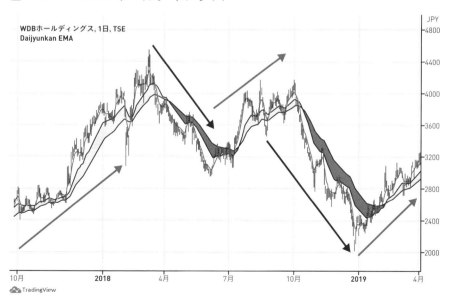

WDBホールディングス, 1日, TSE
Daijyunkan EMA

から2018年1月にかけて上がりました。2月から下げました。2月から3月は下がっています。4月から持ち直しました。10月になると、また下げ出しました。それが年末まで下げ、年明けに上げ出しています。上がった幅・下がった幅の違いはあるにしろ、動きとしてはまったく同じだということがわかります。

　さらに、いろいろなチャートを見ていきましょう。今度は「(2475) WDBホールディングス」です（図4-3-4）。日経平均にも日経400にも採用されていません。これも、ぱっと見ると日経平均の動きと同じだという感じがします。随所、随所に、世界の影響を受けています。2017年9月から2018年1月にかけて大きく上がりました。2月に一瞬下がったのですが持ち直し、3月くらいから下げ出し、6月から上げ出し、10月から年末まで下がり、年明けから4月まで上がっています。

　次は「(7309) シマノ」です（図4-3-5）。これも日経平均に非採用で日経400の銘柄です。この動きはどうでしょうか。ぱっと見ると、あまり連動性を感じないかもしれません。2017年9月から2018年1月にかけて上がり、2月から下げ出し、4月から上げ出し、10月から大きく下がり、2019年になったら上がっています。大局的な流れはまったく一緒です。

　次は、「(4922) コーセー」です（図4-3-6）。コーセーは、どちらかというと、上がって、下がって、上がって、という動きなので、先ほどまでの話とは違う印象を受けます。2017年10月くらいから上げ出しています。日経平均ほかは、2018年1月で上昇トレンドが終わったのに、コーセーはそのあとさらに上がっています。4月からそれが下げ出しました。そのあと下げ

図4-3-5　シマノ

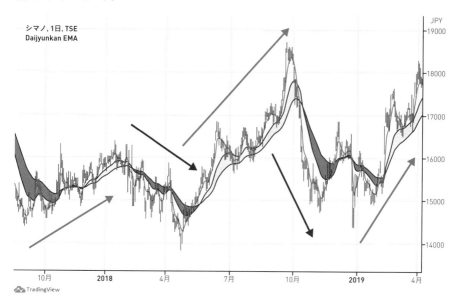

図4-3-6　コーセー

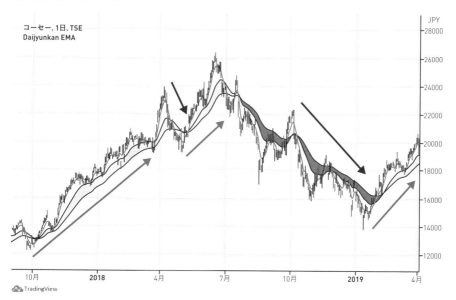

止まり感が出ましたが、やはり 10 月からは、世界の下げに影響
されて、年末まで下げ続けています。年末に下げ止まり、そこ
から上げ出しています。やはり、世界の動きに影響されている
ことがわかります。

　このように、個別銘柄になるとまったく同じ動きというわけ
ではありません。世界が下がっているけれど個別株は下がって
いないとか、世界が上がっているけれど個別株は下がっている、
なんていうことはもちろんあります。あるのですが、大局的に
見ると、やはり、世界の動きに影響されて、買われている、売
られている、そして、買われている、という動きが随所に出て
きます。やはり、日本の個別株でさえ世界の株価指数の影響を
受けているということを感じていただけると思います。そして、
その連動性を理解しておく必要があります。なぜなら、個別会
社の業績だけで動いているのではないからです。ここまで深く
掘り下げたことで、**世界の株価指数を見れば個別株までわかる**
ということをより理解できたことでしょう。

―まとめ―
- ・TradingView を使うことで短時間で世界の株価指数の動
　向を判別することが出来て、世界の株価指数が連動してい
　ることがわかります
- ・世界の株価指数の動きと日本の個別株の動きにも連動性が
　あることを理解しましょう

Chapter 5

為替を見れば
株の動きがまるわかり
「世界のFX分析」

有事に買われやすい通貨

　Chapter5では「為替を見れば、株の動きがまるわかりとなる」ということを解説していきます。果たして、株の動きと為替の動きは連動しているのでしょうか。それとも、連動していないのでしょうか。

「有事の円買い」という言葉が使われることが顕著になっています。世間では、「有事になると米ドル・円・スイスフランが買われやすくなる」といわれています。では、なぜ有事になると円が買われるのでしょうか。その理由を見てみると、有事になれば新興国通貨は米ドル不足に陥ることで米ドルが買われ、永世中立国であるスイスの通貨であるスイスフランが買われ、先進国である日本の通貨である円も買われるといったものです。「有事の円買い」になる理由は様々なところで書かれていますが、本当の理由はよくわかりません。ですが、有事になるとずっと円が買われています。

　では、その動きが顕著になっている過去を見ていきます。2019年8月26日になります。その日は何の日だったのでしょう。「為替を105円では終わらせてはいけない」と黒田東彦日本銀行総裁と当時の安倍晋三首相と麻生太郎財務大臣の3人の会談が行われたとの報道が出ました。その翌日、年金積立金管理運用独立行政法人（GPIF）の経営委員会が開催されました。為替市場では瞬間的に105円を割り込み104円台までドル安円高の水準まで円高が進行しましたが、終わってみると一気にドル高円安

図5-1-1　米ドル／円　日足　（2019.3 ～ 2020.5）

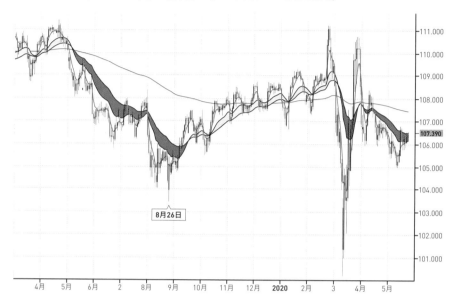

に振れて終わりました。その GPIF 経営委員会が開催されるという奥の手で、政府が 105 円割れをなんとしてでも阻止しようという姿勢があると市場の思惑が機能してから、流れが変わりドル高円安方向に動きました（図5-1-1）。

　ドル高円安方向にいきましたが、2019 年 10 月には再び円高になっています。これは、ヨーロッパも大きく金融緩和に軸足を移しました。アメリカも金利を下げています。日本は何もしていません。逆にいうと、日本が金融引き締めをやっているのと同じ状態になります。ということで、円が買われやすい状態になりました。そこからは、下がっていく可能性もあるのですが、帯（中期と長期の移動平均線の間を塗り、「帯」と呼びます）のところでの攻防がどうなるか、また、200 日 EMA（指数

平滑移動平均線）の攻防になりますが、結果的にしばらくは 200
日 EMA の攻防になっていました。そこに、2020 年 2 月から 3
月にかけての「コロナショック」がありました。ここでも、有
事の円買いの動きが起こりました。その為替の状態は、米ドル
／円だけではなく、ユーロ／円、ポンド／円、カナダドル／円、
豪ドル／円、NZ ドル／円、スイスフラン／円、人民元／円、す
べて同様の動きとなっているのがわかります（図 5-1-2 ～図
5-1-5）。

　このように、有事にはなぜか円が買われやすい傾向が続いて
います。では、米ドル／円以外の通貨ペアを見てみます。ユー
ロ／円のチャートです（図 5-1-6）。それから、2020 年の 2 月か
ら 3 月にかけて円高になり、その後、一旦円安に戻るも、再び
円高方向に動くという大まかな流れは一緒の動きです。では、他
の通貨も見てみましょう。

　今度はポンド／円です（図 5-1-7）。これも、2019 年の春先か
ら秋にかけて円高になり、2020 年にかけ円安の動きになってい
るのがわかります。その後のコロナショック前後の動きも値幅
は当然違いますが、大まかな流れは一緒なのがわかります。こ
のように、その国々の事情があるので多少の違いはあるにせよ、
基本的な流れは一緒となることが多いのです。

　では、今度は世界の通貨を全部 1 つの画面で見比べてみまし
ょう。ここには、米ドル／円、ユーロ／円、ポンド／円、豪ド
ル／円、NZ ドル／円、スイスフラン／円、カナダドル／円、人
民元／円と、主要な通貨ペアを表示しています（図 5-1-8）。そ
の通貨に対して、右肩下がりの状態が円高、右肩上がりの状態

図5-1-2　有事のときは円が買われやすい（コロナショック）

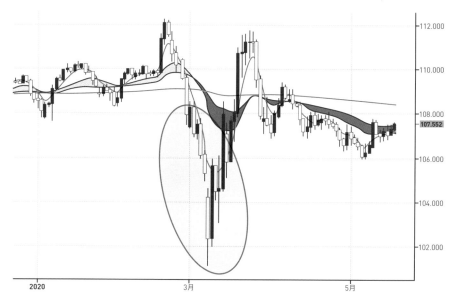

米ドル／円（2019.12 ～ 2020.5）

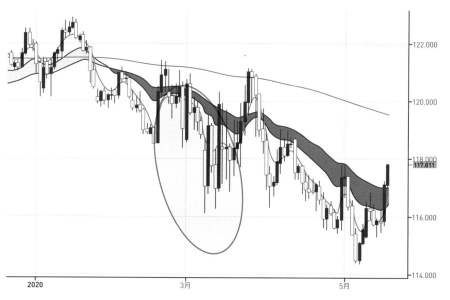

ユーロ／円（2019.12 ～ 2020.5）

図5-1-3　有事のときは円が買われやすい（コロナショック）

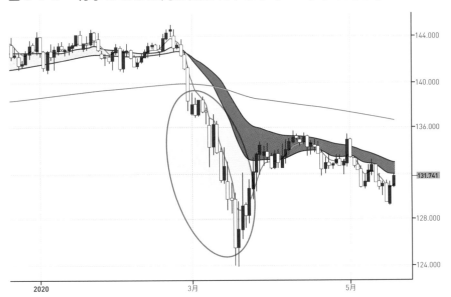

ポンド／円　日足（2019.12 〜 2020.5）

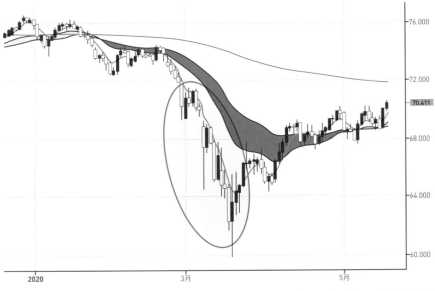

豪ドル／円　日足（2019.12 〜 2020.5）

図5-1-4　有事のときは円が買われやすい（コロナショック）

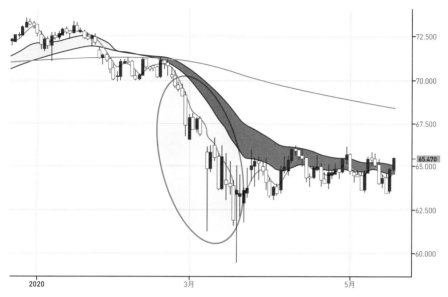

NZ ドル／円　日足（2019.12 ～ 2020.5）

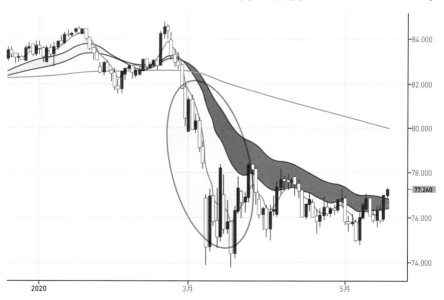

カナダドル／円　日足（2019.12 ～ 2020.5）

図5-1-5　有事のときは円が買われやすい（コロナショック）

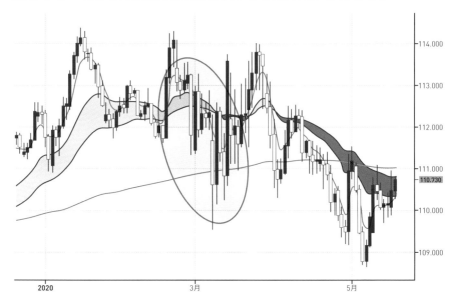

スイスフラン／円　日足（2019.12 〜 2020.5）

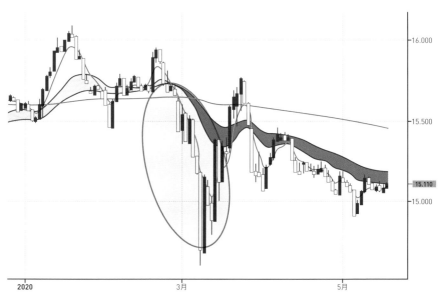

人民元／円　日足（2019.12 〜 2020.5）

図5-1-6　ユーロ／円　日足　（2019.3 〜 2020.5）

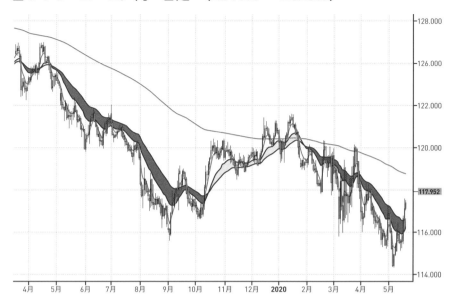

図5-1-7　ポンド／円　日足　（2019.3 〜 2020.5）

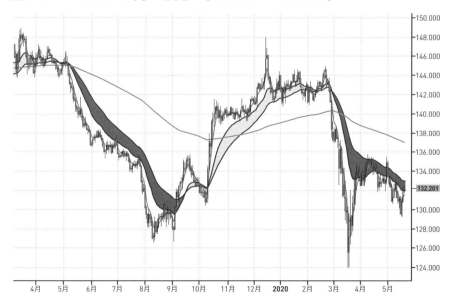

が円安となります。左端の日付の価格を基準（0％）とし、そこからの変動を見ています。この0％よりも上にある通貨が円よりも強く、0％よりも下にある通貨が円よりも弱いということを示しています。そうすると、2019年2月以降を見ると、円より強い通貨は、スイスフラン（CHF）だけで、それ以外は円よりも弱い動きになっていることが一目瞭然となっています。

　次に強い通貨を見ると米ドル／円となります。図5-1-8では「USDJPY」と表示されています。ということは、今、一番強い通貨はスイスフランで、二番目に強い通貨が円です。その次に強い通貨が米ドルとなります。円・米ドル・スイスフランという通貨が出てきた瞬間に有事だということを、お話ししました。ということは、2020年の5月の段階でいえることは、コロナシ

図5-1-8　世界の通貨の比較チャート

ョックにより、2020 年 3 月に大きく円高に振れてから、ひとま
ず円安に振れてきてはいるものの、有事の通貨が強い状態にな
っているということが理解できます。次に強い通貨はユーロで
す。決して弱いという状態ではなく、ユーロ（EUR）は、ある
通貨に対しては弱い、ある通貨に対しては強いという状態を示
しています。では、弱い通貨はどこでしょうか。NZ ドル（NZD）
や豪ドル（AUD）、ポンド（GBP）、カナダドル（CAD）など
が弱いということがわかります。これらの通貨が弱く、米ドル
や円などの安定している通貨にお金が流れているということ
です。

米ドル／円と日経225の連動性

では、今度は米ドル／円と日経225を比較してみましょう。

まず、為替を見ると2018年後半から2019年にかけて円高になり、春先まで円安になっています。次に春から秋にかけて円高になっています。そこから2020年初めにかけて円安になっています。そして、3月にコロナショックで強烈な円高になっているというのが為替の動きです。今度は日経225を一緒に見てみましょう。

図5-2はTradingViewで米ドル／円のチャートを出してから「⊕比較」をクリックしてから「NI225」を入力すると表示することができます。オレンジ色の折れ線グラフが日経225のチャートになります。そして、右側に2つの価格表示があり、左側が米ドル／円の価格表示で右側が日経225の価格表示となります。

こうして見てみると、なんだかんだいっても、連動性があるということを非常に感じます。米ドル／円と日経225が、常に100%連動しているというわけではありません。連動性が薄い時期もあります。しかし、大きな流れで見ると、やはり、円安というものは株高につながり、円高というものは株安につながり、株高は円安につながり、株安は円高につながっているようです。比較すると、2019年の年末にかけて株安が円高につながっているようですし、2019年の春先にかけては円安と株高の動きが連動しています。2019年9月になり、株がするすると上が

図5-2 ドル円と日経225の比較チャート 日足(2018.9 〜 2020.3)

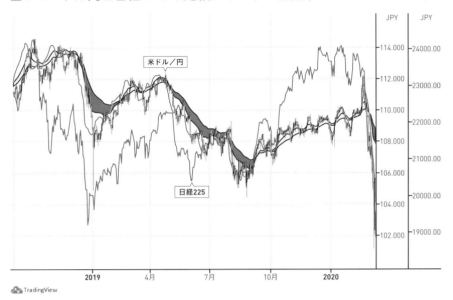

米ドル／円

日経225

り出しました。そこのところは、為替も同じように円安に振れています。米ドル／円が右肩上がりというのは円安ということです。ところが、2020年2月頃から日経225が下げてきました。それに歩調を合わせるかのように米ドル／円も円高方向に、方向を切り替えています。

③ユーロ／米ドルと　DAXの連動性

　今度はユーロ／米ドルとDAXの連動性を見てみましょう（図5-3）。ローソク足がユーロ／米ドルでオレンジ色の折れ線がドイツのDAXです。表示の方法は米ドル／円と日経225のときと同様です。そして、右側にある2つの目盛りは左側がユーロ／米ドル、右側がDAXの目盛りとなっています。これを見て「おやっ」と思われた方もいるかもしれません。このユーロ／米ドルは上下を反対にして描画しています。TradingViewでは、価格表示を「価格」だけでなく「％」や「対数」、また、スケールを反転することも簡単にできます。つまり、ユーロ／米ドルに関しては上がれば上がるほどユーロ安ドル高になっているということです。価格目盛りにカーソルを合わせて右クリックをすると表示方法が出てきます。そこで「スケールを反転」にチェックを入れると高値と安値が反転します。それに対してオレンジ色の折れ線のDAXは通常ですので、上げれば高くなり下げれば安くなるということを示しています。

　では、なぜユーロを反転させて表示したかというと、ユーロの経済圏のナンバーワンはドイツです。そのドイツの産業の中心は輸出関連です。ですから、日本が円高になると株安になりやすく、円安になれば株高になりやすいように、ドイツもユーロ高になると株安になりやすく、ユーロ安になれば株高になりやすいのです。このチャートを見れば、ユーロ／米ドルが安くなる（右肩上がりになっていますが反転チャートなのでユーロ

図5-3　ユーロ／米ドル(反転チャート)とDAX (ドイツ)の比較チャート日足(2018.10 〜 2020.2)

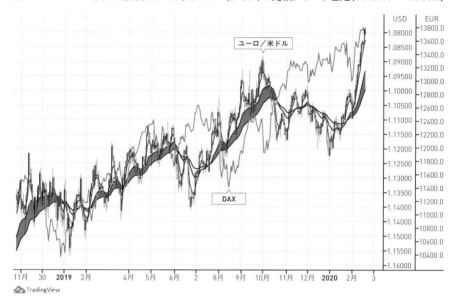

安ドル高になっているということ）のと DAX の上昇、ユーロ／米ドル高（チャートでは右肩下がり）と DAX の下降も影響を受けあっているということがわかります。もちろん、様々な比較チャートにおいていえることですが、常に連動しているということではありません。相関性の高い時期とそうでない時期はあります。ただし、一般的にはこのユーロ／米ドルと DAX のように為替と株価は連動しているのです。

世界の為替の動きと株価の連動性

　このように、為替の動きだけを見るのではなく株価との連動性をじっくりと見ていきましょう。ある時期は連動性が低い。ある時期は連動性が高いということはありますが、為替と株価を一緒に見ることにより、マーケットが大きく変化するときには為替も株価も同じように変化することがあるということを理解できるようになります。

　前項「1　有事に買われやすい通貨」でも記しましたが、2020年3月にはコロナショックにより為替市場も株式市場も大きく変動しました。株式市場は売りが売りを呼ぶ大幅下落で真っ逆さまに下降しました。そのときに、円の動きはどうだったかというと、どの通貨に対しても同じように円高になりました。その後、3月20日前後からは株式市場が反転上昇してきました。それに伴い概ね主要通貨に対して円安になっていきました。

　このように、大きな出来事が起きるときは為替も株式市場も連動するのです。2020年のコロナショックの動きを見れば、ファンダメンタルズ分析での対応は難しかったはずです。これは、コロナショックに限らずリーマンショックなど大きなショックのときは、ファンダメンタルズ分析でトレードしている人は、激動の変化に対応ができないのです。

　ましてや、個人投資家であればなおさらです。だからこそチャート分析を学ぶ必要があるのです。チャート分析であればコロナショックで下降したときも、その後の反転上昇局面もチ

ャートはこの上なく素直なチャートでしたので、移動平均線大
循環分析のステージに素直に対応すれば、売りで大きく利益を
得るチャンスも買いで利益を得るチャンスも十分ありました。

　だからこそ、為替だけを見るのではいけません。為替も株価
も一緒に見るのです。なぜなら、何度もいっていますが、為替
と株価は連動しているからです。そうすることで、為替を見る
と株式市場に変化が起きているかもしれない、もしくは、株式
市場に変化が起きるかもしれないということを察知できるよう
になります。

　このように、為替市場の動きを見ていると、マーケット全体
が有事の状態なのか、それとも、有事とは遠い状態なのかもわ
かりますし、主要通貨全体を見ることで円の方向性も把握する
ことができますから、株式市場の方向性を読む上で参考にする
ことができます。つまり、**為替を見れば株の動きがわかる**とい
うことなのです。

―まとめ―

・有事に買われやすい通貨があることを理解しましょう

・有事に買われやすい通貨は、米ドル・円・スイスフラ
　ンです

・為替と株価は連動しており、為替を見ることで株価の動き
　がわかります

Chapter 6

債券を見れば
株の動きがまるわかり
「世界の債券(金利)分析」

金利とはどういうものか？

　Chapter6 では債券（＆金利）について解説をします。債券と金利の関係は簡単ではありますが、投資家の多くが理解できていない部分です。**債券と金利の関係を理解すること**で世界の債券（＆金利）を分析できるようになります。そして、金利はリンク（連動）しています。また、債券の中で一番注目されているものである、**世界の 10 年債金利と株価が連動している**といったところも見ていきましょう。

　株式投資家は株価だけを、FX 投資家は為替の価格だけを見ている人が多いため、金利の理解が一番遅れています。為替が円安になったら株が上がりやすいとか、為替が円高になったら株が下がりやすいといった部分は既述しました。コモディティの 1 つである金が上がると「世の中が不安定だ」「戦争が起こると金が上がる」といわれ、金が下がると「世の中が安定している」といわれることは、大体わかると思います。

　ところが、金利となると説明が大変難しく、理解も難しくなります。例えば、長短金利が逆転しているというニュースが流れても、それがどういう意味をもつのか、一体なんなのか、こういったところが一番難しい話なのです。ただ、このような債券と金利の関係を理解できると、ありとあらゆることが理解できるようになります。

　FX を取引している方や FX に興味がある方は、金利のことがわかっていないといけません。いろいろなディーラーが世界

中にいますが、そのディーラーが最初に学ぶことは金利です。為替のディーラーは、上司から「他の何を見なくても、金利の動きだけは毎日見ておけ」といわれます。金利の動きは、為替のそれに直接的に影響します。そして、為替に直接的に影響があるということは、株の動きにも間接的に関係があるということです。つまり、株式投資家もFX投資家も金利を理解することで分析能力が大きく向上していきます。

　では、金利とは一体どういうものなのでしょうか。金利にはいろいろな種類があります。金利と一言でいわれるので、一般の方が混同してしまいます。この金利を、大きく3種類に分けて説明したいと思います。

　金利の代表選手は「**政策金利**」です。アメリカでは連邦準備制度理事会（FRB）が連邦公開市場委員会（FOMC）で決定しています。日本では日本銀行が金融政策決定会合で決定しています。ヨーロッパでは欧州中央銀行（ECB）がECB理事会において決めています。日本は日本銀行が中央銀行ですからわかりやすいですね。ECBも欧州の中央銀行だからわかりやすいです。

　しかし、米国のFRBやFOMCは一般人にはなかなか馴染みのない言葉なので混乱してしまいます。FRBは米国の中央銀行にあたるもので、FRBが主催する金融政策を決定する会合をFOMCといいます。そのFOMCで政策金利を決めるのです。アメリカではFF金利といい、**中央銀行が一般の銀行に貸し出す金利**のことです。中央銀行が一般の銀行に貸し出す金利を上げたり下げたりすると、それに応じて、一般の銀行が皆さんに貸

したり借りたりするような金利が変動します。政策金利は金利の代表選手ということで非常に重要です。これを中央銀行が決定します。当然、景気政策として行います。一般的には金利の引き下げは金融緩和、金利の引き上げは金融引き締めとなります。

続いて、「銀行金利」というものがあります。銀行金利には預金金利・貸出金利があります。中央銀行が政策金利を変更すると、それにつられて銀行金利も変動します。基本的に、預金金利・貸出金利はその国のインフレ度合で決まっていくのです。

例えば今、あなたは100万円を持っています。これを「私に預けてくれたら、来年には101万円にして返します」といわれたら、あなたは私にお金を預けたいと思いますか？　低金利の時代だから、「101万円でも預けたい」という気持ちはわかります。また、「1万円増くらいだったら要らないわ」という人もいるでしょう。そういう人も、例えば「110万にします」「120万にします」というと、「ぜひ預けたい」という話になりますよね。これが、預金金利です。

そのときのポイントとして、例えば「今年100万円で、来年110万円にしてお返しします」といわれるとよい話のように聞こえますが、もしインフレ率が15％あるとき、「100万円のお金を来年は10％の金利をつけ110万円でお返しします」といわれればどう感じるかです。100万円が110万円になって返ってきます。預けますか？　預けませんね。なぜ預けないかというと、インフレ率のほうが高いからです。

もう1つ、例を挙げます。今年100万円を持っています。そ

して、ある中古車を買おうと思っていました。今だったら100万円で買えます。ところが、インフレ率が15%だとすると、来年になるとその中古車は115万円になってしまいます。そのときの銀行金利が10%だとすると、100万が110万になります。今年は100万でその中古車が買える。来年になると銀行預金は110万に増えますが、物が値上がりをして中古車が115万円になっています。

　つまり、目減りしたという話になり、今年中古車を買ったほうがよいということになります。だから、銀行に預金する預金金利はどのように決まっているかというと、インフレに応じて決まっています。インフレが大きくなれば金利も上がります。インフレが収まれば金利も安くなります。現在の世の中はインフレではなく、また、コロナショックの影響で景気後退もあり、金利はものすごく低くなっています。

意外と知らない 国債利回りについて

　問題は、**国債金利（利回り）**です。国債金利が上がったり下がったりするのは、どうしてでしょうか。まず、政策金利は中央銀行が決定します。銀行の預金金利は銀行が決定します。**国債金利は市場が決定します**。ここが一番難しいところですので、詳しく解説していきます。

　まず整理をします。繰り返しますが、金利といってもいろいろあります。主に政策金利、銀行金利、国債金利であると説明しました。これ以外にも、金利といわれるもの、利回りと呼ばれるものにはいろいろとあります。代表的な金利ということで、政策金利・銀行金利・国債金利を頭に置いておいてください。

　これらは、それぞれ別々の要素で決まりますが、連動性があります。政策金利が上がると銀行の金利も上がるとか、国債金利が上がっていると政策金利もそれによって上げざるを得ないといった状況が生まれるからです。例えば、今の日本のように国債金利がどんどん下がっていくと、政策金利も下げざるを得なくなってきます。このような状態があるということで一緒に上昇下降するのです（図6-1）。しかし、それぞれの金利は独立しています。政策金利は中央銀行が決め、銀行金利は銀行が決め、国債金利はマーケットつまり市場が決めるということです。

　では、金利の種類について見てみましょう。期間に注目します。長期金利・短期金利といういい方をします。**短期金利というのは、1年未満の預け入れ期間のものに対する金利です。**長

図6-1　金利はリンク（連動）する

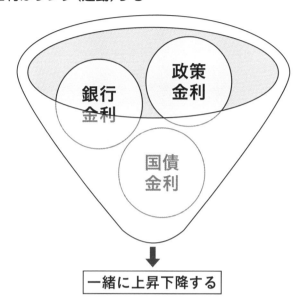

一緒に上昇下降する

期金利というのは 1 年以上の預け入れ期間のものに対する金利です。「2 年もの」とか「10 年もの」といういい方をしますが、これらはどちらも長期金利となります。教科書的には、短期金利は 1 年未満であり、代表的な短期金利を「コールレート」と言います。銀行間でお金をやりとりするのは 1 日限りです。つまり、翌日には返済をします。その 1 日限りのレート、これがコールレートと言われているものです。一方で、**長期金利というのは「10 年もの国債の金利」**です。アメリカの 10 年もの国債の金利が世界の長期金利の代表選手です。日本の長期金利の代表選手は、日本の 10 年もの国債の金利ということです。ここまでは短期金利、長期金利の内訳でした。

　これとは別に、名目金利、実質金利というのがあります。名

目金利とはインフレやデフレなど物価動向を加味しない表面上の金利です。それに対して、実質金利は名目金利からインフレ分を引いたものです。今年から来年にかけて金利が15％だという話をしたとしても、インフレが10％アップしたら、差額の5％だけが実際の利益です。実質金利というのは名目金利からインフレ率を引いたものです。

　こういうことを整理して、まずは、政策金利から見ていきましょう。中央銀行（日銀）が、金利を上げたり下げたりします。金利を引き上げることを「金融引き締め」といい、金利を引き下げることを「金融緩和」といいます。では、金利を引き上げるのは何のためにするのでしょうか。金利を引き下げるのは何のためにするのでしょうか。引き上げはインフレを抑制するためです。引き下げは景気を刺激するためです。金利を引き上げるとインフレが抑制され、金利を引き下げると景気が良くなります。まず、預金と借金を想像してみてください。金利が高い時期と低い時期があるとして、預金をするとしたらどちらが良いですか？　高い時期のほうが預金したいですよね。今は、金利が低いので預金をしたくない時期となります。これが、5％、10％あるといったら、ぜひ預金したいという感情が湧いてきます。

　逆に、借金をするとしたら、金利が高いときと金利が低いとき、どちらが良いでしょう。当然、金利が低いときですね。低いときに借金をしたら、金利負担を気にする必要がありません。ところが、高いときに借金をしたら、返すお金が増えて金利負

担が重くなってきます。

　今は、低金利の時期です。だから、預金はしたくない人も多いでしょう。そして、借金した者勝ちといった考え方をする方もいるでしょう。そうすると、市中に使えるお金がたくさんあるということが理解できますか。

　もし、あなたが1億円を持っていたとします。でも、その1億円を定期預金にして銀行に預けていたら、現金が引き出せず、買いたいものがあっても買えません。今、あなたは現金を一銭も持っていないとします。しかし、1億円くらい、すぐに貸してくれる人がいたとしたら、あなたは定期預金を解約することなく、現金を一銭も持っていなくても、物を買うことができます。つまり、金融緩和という引き下げで、金利が低い状態では、借金はしやすくなります。預金はしません。お金を使えることを「購買力がある」といいますが、物が買いやすくなります。

　そこで、今度は金利を引き上げると「今はチャンスだ、預金をしておこう」という話になります。「高金利の時期に借金なんてしちゃだめよ」という話になります。そうすると、お金が銀行に集まっていきます。手元にお金がありません。そうすると、買いたくても買えません。だから、購買力が減少します。こういう状態は、あまりにも景気が良くてインフレが恐いというときに、インフレ抑制策として金利の引き上げをします。引き下げは、景気が悪いときにします。

　では、問題です。仮に現在金利がどんどん下がっているとします。そして、政策金利もどんどん下がっています。そのときに株式市場は上がるでしょうか、それとも下がるでしょうか？

　実はこの話、大変難しい問題なのです。なぜ難しいかというと、金利がどんどん下がっているという状態は、景気が悪いときに起こります。景気が悪いという点に注目すると、これは株式市場が下がる要因です。一方、金利を引き下げるということは、景気を刺激するためにやることです。金利を下げると預金が減り、借金が増えます。これは市中にお金がたくさんあるということで、株式市場が上がりやすい状況になります。金利を下げる、金利が下がっているという状態には、その2つの側面があるのです。景気が悪いから金利を下げて、景気を良くしようとしているところがあります。

　では実際に金利が引き下がったとき、どのような動きがあるのでしょうか。経験則からお話をします。まず、それまで景気が良かった状態から、景気が悪くなりました。その施策として、金利を引き下げました。初期は、金利を引き下げなければいけないくらい、「今、世の中の景気が悪い」というところに意識がいって、少々金利を引き下げても株式市場は下がり続けます。さらに景気が悪くなると、2回目の引き下げ、3回目の引き下げをしました。追加の引き下げをしているうちに、どこかで底打ちをして徐々に金融緩和の効力が出てきて、株式市場は上がっていきます。これが、過去の事例です。

　最初に金利を引き下げた瞬間にパッと上がるのではなく、しばらくは景気が悪い状態が続きます。「今は景気が悪いな」「たしかに悪いな」というところに、株式市場は引きずられます。しかし、どこかで、徐々に施策の効果が出てきて株式市場は上がっていきます。

私のイメージをお話しします。まず、景気が良いときの話です。これは、株式市場の動きだと思ってください。景気が良いから金融引き締めだということで、金利を上げました。そうすると、その瞬間は株式市場は下がります。下がりますが、気がつけばまた上がります。金融引き締めをすると一時的に株式市場は下がりますが、世の中は景気が良いからすぐに上がります。

　逆に、金融緩和をする背景は、世の中の景気が悪く株式市場は下がっている状態です。金融緩和をすると、緩和をした瞬間は上がります。あるいは、金融緩和をするだろうという事前予想で株式市場が上がるケースも多いです。その事前予想で瞬間上がったとしても、そのあとは景気が悪いから再度下がっていきます。こういうような動きがよくあります。金利引き下げというと景気が良くなると、イコールでとらえがちですが、その背景は、実は景気が悪いということがあるのです。

　為替は、金融緩和をすると下がっていき、金融引き締めをすると上がっていきます。なぜでしょうか。市中にお金がいっぱいあるという状態が緩和です。物の量とお金の量で、通貨の価値は決まります。物がいっぱいあるのにお金が少ししかないという状態は、お金の価値が非常に強いということです。ところが、物の量が一定なのにお金が山ほどあると、お金の価値は下がってしまいます。つまり、金融緩和になると、為替は弱くなり下がっていきます。金融引き締めになると為替は強くなり上がっていきます。

　例えば、世界中が金融緩和を深掘りしていて、日本だけが金融緩和を継続してはいるものの深掘りをしていなかったとしま

しょう。日本だけを見ると金融緩和を行っているので為替が下がる方向の政策となるのですが、世界はさらに金融緩和を深掘りをして、日本は緩和維持となると、他の国との比較において、日本が金融引き締めをしているのと同じような状態になります。そうすると教科書的には、円はどんどん強くなるということがあります。「教科書的には」といういい方をよくするのは、それがセオリーであり、そういう流れになることはしばしばあるのですが、教科書どおりにならないこともいっぱいあるので「必ず、教科書のとおりに動くのではないのですよ」ということも頭に置いておいてほしいので「教科書的には」という話をさせていただいています。もちろん、そういう流れが多いということです。

　では、いよいよポイントとなる国債金利を見ていきましょう。整理をして金利のことをしっかりと理解してもらいたいと思います。通常、国債は10年ものが多いです。5年もの、2年もの、30年ものという長いものもあり、100年国債というものを出そうというのが、最近の世界中の流れです。100年国債、超長期ですね。100年国債を持っていても、償還期限の頃は、購入者は生きていないですよね。どうするのでしょうか？　低金利時代ですから、100年もの国債の発行まで考えられているという時代です。

　国債の金利が上がっているとか、金利が下がっているといった話が出てきます。このことを理解しないと、金利の話は理解できません。これを正しく理解してもらいたいと思います。で

は、仮に額面 100 万円の債券を買いました。そして、年間で 4 万円の利子がついたとします。つまり、年利 4% です。1 年間の償還とすると 100 万円で 4 万円の利子がつきます。毎年 4 万円ずつ利子がついて、10 年後に 100 万円が返ってきます。10 年間、4 万円ずつ毎年もらえて、10 年後に 100 万円が返ってきます。これが、通常の国債の考え方です。

　国債は元本保証です。つまり、100 万円が傷つくことはありません。そして、毎年もらえるという 4% は固定金利です。これは、基本変動することはありません。一部、変動金利の国債もありますので、話がぼけてくるのですが、それは特殊な国債です。通常は固定金利です。皆さんが、100 万円の額面の国債を買って、10 年間持ち続けていたら、間違いなく、毎年 4 万円もらって、最終的に 100 万円が返ってきます。もちろん、デフォルト（債務不履行）をするとか国が潰れるとか、金融機関がおかしくなるということがない限り保証されています。ただし、それは 10 年間持ち続けたらという条件です。

　10 年間持ち続けられない、途中でお金が必要だ、という人が世の中にはいます。今、すでに発売されている債券（既発債）を売買する市場が、東京証券取引所にあります。そこでは過去に発行された国債が売買されているのです。その国債は日々売買されていて、その値段が変動します。額面が 100 万円のものです。最初は、100 万円ということで売り出されますね。それが、人気になると、101 万、102 万と上がっていきます。逆に、人気がなくなると、99 万、98 万と下がっていきます。その額面 100 万円の国債が市場で売買されて、値段が上がったり下がっ

図6-2　国債（債権など）の金利

価格	年利4%（例）	利回り
100万円（額面）	年間4万円の利子	4%
⬇		
80万円に下落	年間4万円の利子	5%
⬇		
50万円に下落	年間4万円の利子	8%

＊実際には利回りには償還金額も含まれるのでこの計算どおりではない。

国債の金利の上昇が
その国の危険度を表
している理由！

⬇

国債の利回りが上昇しているということは国債の価格が下落していることを示す！

たりします。それが、国債の価格の変動です。

　仮に80万円に下落したと思ってください。80万円に下落したとしても、毎年4万円もらえるということには変わりありません。100万円のときに4万円もらえるから金利4%でしたが、途中で買った人は80万円。80万円で買っている人は、年間4万円もらえるということで金利が5%に上がりました。では、50万円まで下落したとするとどうでしょうか？　年間4万円もらえるということは、8%の金利がもらえることになります。国債の金利が上がっているという意味は、国債価格が下がっているということなのです。逆に、国債の金利がどんどん下がっているということは国債価格が上がっているということです（図6-2）。

③ 高金利な国債は優良なのか？

　かつて、こういうことがありました。

　イタリアが財政破綻をしそうなとき、イタリアの国債の金利がどんどん上がりました。金利がどんどん上がり、ついに7%を超えました。他の国が1%くらいのときに、7%、ついには8%を超え「イタリアの国債の金利が10%を超えたらやばい、危ない」という話になりました。その意味を一般の人は誰もわかりませんでした。一般の人は、国債の金利がどんどん高くなったら「いいね」「イタリアの国債を買いたいね」「世間で金利はこんなに低いのに、イタリアの国債は8%？　じゃあ、イイじゃん！」と考えていました。

　イタリアの国債が危ないというのに、イタリアの国債が良いと考えているところが、国債と金利の関係を理解していないとなるのです。イタリアの国債の金利が上がっているということは、裏を返せばイタリアの国債価格が暴落しているということなのです。イタリアの国債価格が下がっていっているから、金利がどんどん上がっていっているのです。イタリアの国債価格が暴落していたということは、デフォルトの危険性があり、お金が返ってくるかわからないということだったのです。

　それを理解している人たちは、皆んなが「イタリアの国債なんて買いたくない」といって売り出すので、イタリアの国債価格、額面100万のものが80万になり50万になりと下がっていき、利回りがずっと上がり、国債の金利が上がっている、とい

う話になるのです。すると、そこの国は危ないということがわかります。

　この構造を、ほとんどの方はわかっていません。何に通じるかというと、FXで高金利通貨を取引することにつながります。私は、ありとあらゆる投資の中で、高金利通貨に投資をするくらい馬鹿なことはないと思っています。なぜかというと、その国の金利が高い理由の1つに、その国がインフレに陥っているということがあります。もう1つに、その国が政情不安で、いつその商品・国がおかしくなるかわからない。そういう危険性への不安視から、その国の金利がどんどん高くなっていきます。つまり、そこで金利収入が入る以上に、そこの通貨は売られていきます。だから、金利収入以上に下がるということが約束づけられているのが、高金利通貨なのです。

　高金利通貨を、安定して価格が上がらなくても良い、動かなくても良い、でも金利収入で儲けるということを良しとしている投資家がいて、そういう投資家がいるため、銀行、証券、FX会社が高金利通貨を勧めます。このような方はしっかりと国債と金利の関係を理解する必要があります。余談でしたが、この理屈がわかっていない方が非常に多いです。この話は、しっかりと理解しておいてください。

④ 世界の10年債金利と株価の連動性

　国債と金利の関係は非常に重要なので多くの紙幅を取りました。ここからは金利と株価の連動性を見ていきましょう。金融機関は金利が安いとその経営が厳しくなります。金利が上がっているときは金融機関の株価は上昇しやすいのですが、金利が下がると金融機関の株価は下がりやすくなります。金利が下がると特に銀行などが厳しくなります。銀行が厳しくなると、証券会社やその他のところにも影響してきます。政府にも影響してきます。だから、金利が下がる時代では金融機関の株式市場は上がり難くなります。

　トヨタ自動車やキヤノン、ソニーなどの輸出産業企業が日本にはたくさんあります。円高になると収益が悪くなり、株価が下落しやすくなります。円安になると株価が上がりやすくなります。為替が円高に拍車を掛ければ、株価が下落していく可能性があります。例えば、ソフトバンクのような借金が多い企業を見てみましょう。金利が上昇すると、返済額が増加し株価が下落する要因となります。金利が下降すると、返済額が減少しますので借金の負担が減少します。このように、金利の動向がわかると、個別株への影響もわかるようになります。

　では、ここに１年ものと、３年ものの定期預金があるとします。１年ものより、３年もののほうが金利は高いということはわかると思います。期間を長く預ければ預けるほど、金融機関に

とっても安心して運用できるわけです。1年の定期なら、1年経過すると、もう返さなければいけないという話になります。3年の定期なら3年間運用することができます。そうすると複利で利用するとか、いろいろなことができます。もし、これが逆転して、1年ものの金利が高い、3年ものの金利が低いという話になったら、誰も3年ものの定期預金をする人はいませんよね。1年ごとに決済をして、また1年預けるという形になります。だから、短期の金利よりも、長期の金利が高いというのはおわかりになると思います。預け入れ期間が短いものの金利よりも、預け入れ期間の長いもののほうが高いというのが通常の金利ということです。

　ところが、それが時々逆転することがあります。よくいわれるのは、アメリカの2年ものの国債と10年ものの国債です。2年ものの国債というのは、2年間預けて、返してもらいます。10年ものは、10年間預けて、返してもらいます。当然、2年ものよりも、10年もののほうの金利が高いということが普通です。しかし、時々、逆転することがあります。それはなぜでしょう。

　ここ2年間くらいは、まだなんとか景気が維持されるから、これくらいの金利で維持されるが、5年、10年という話になると、間違いなく景気が悪くなると感じていたとしましょう。そうすると、金利が大幅に下がってしまいます。つまり、10年間の預け入れ期間を運用するとしたら、ここ1〜2年はそれなりに良い金利で運用することができるのですが、長期的にはそんな金利では運用できません。だから、長期では下げると予測されたときに**長短金利が逆転**するのです。このように、長期短期金利

が逆転するということは、大変レアケースだということを頭に置いてください。

　なぜ、レアなことが起こるのでしょうか。市場が将来的に、景気が悪くなることが間違いないと見ているからです。このように思われた瞬間に、直近のものは、まだ景気が良い時期だから金利が高く、長期のものは、景気が悪くなる時期になるから金利が低い、という話になり長短金利が逆転するのです。今まで何回か、長短金利が逆転したということがありました。これをTradingViewで表示することができます。アメリカの10年ものの国債利回りが「US10Y」です。2年ものの国債利回りが「US02Y」なので、「US10Y － US02Y」がその差となります。2年ものの国債利回りと、10年ものの国債利回りの金利差チャートを出すと何がわかるかというと、差が縮小していることがわかります（図6-3）。今回のコロナショックの前から金利差が小さくなっています。

　では、米国の10年債利回りと日本の10年債利回りを比較してみましょう（図6-4）。2国間の金利を比較することで何がわかるかというと、為替への影響です。政策金利が高くなると、その国にお金が流入しその国の通貨が高くなります。政策金利が安くなると、お金が流出するので通貨安になります。つまり、米国と日本の金利差を比較することで為替への影響がわかるようになります。為替への影響がわかることで、株式市場への影響がどうなりやすいかが見えてくるのです。すなわち、金利と株価は大きな関連性があり、連動しているということにつながっていくのです（図6-5）。だからこそ、FXの投資家だけでなく、

図6-3　米国10年債利回り―2年債利回り　週足（2009.1 〜 2020.5）

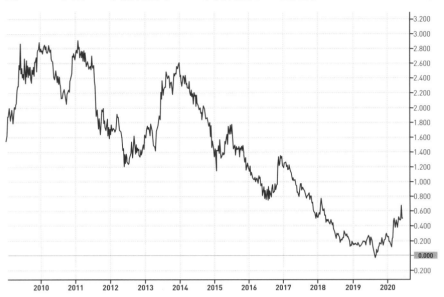

図6-4　米国10年債利回り―日本10年債利回り　日経平均株価　週足（2007.5 〜 2020.6）

株式投資家も金利のことを理解する必要があるのです。

　余談になりますが、重要なことなので記載しておきます。金利と為替の関係はこれだけではないということを頭に置いておいてください。街中には銀行がたくさんあって、それぞれに銀行金利が違います。それが、もし顕著に違えば皆さんは、当然、金利が高い銀行に預けますよね。当たり前です。このように、世界で動いているお金も、金利が高い国に移ります。

　そうすると、新興国で金利がすごく高い国があります。そういう国に、どんどんお金が流れ込んでいくのではないかというと、そうではありません。インフレによって、金利が高くなっているのではないでしょうか。インフレとは通貨の価値がどんどん下がっている状態です。インフレによって金利が高くなっているということは、通貨の価値がどんどん下がっている状態ですから、通貨安になっています。金利が安くなっているということは、インフレではないということなので通貨高です。政策金利が高いということは通貨高です。ところが、インフレによって金利が高いということは、通貨安ということです。このことも覚えてください。

　逆に、金利が安いという話をしましょう。政策金利が安いということは、通貨安につながります。ところが、デフレだと通貨高につながります。金利が高い、安いというのも、二面性があります。だから、「新興国の金利が高い。金利が高いから世界中のお金が流れ込んじゃうんじゃないの？」「金利収入は得られて、その国の通貨が上がり、値上がり益も得られるんじゃない？」と勘違いされている方がいます。

図6-5　日本10年債利回り　日経平均株価　日足（2018.1〜2020.6）

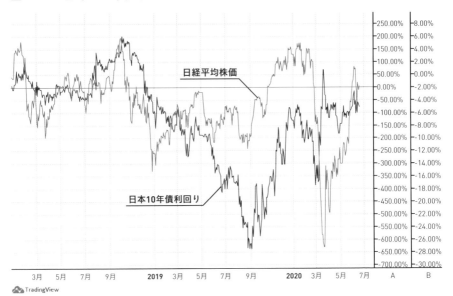

TradingView

　実は、世界のお金が金利の高いところに流れるというのは条件があります。その国がインフレではないという条件下で、金利が高い国にお金が流れていきます。その国がインフレだとか、政情不安だとか、そういうことを抱えているために金利が高いという場合は、通貨は安くなります。ただ単に「金利が高い＝通貨が高くなる」と思ってはいけません。特に、デフォルト懸念については、日本の国債がデフォルトするという心配を持っている方は少ないと思いますが、世界中では国債がデフォルトしたという例はいくらでもあります。国債のデフォルトの懸念があると、金利が急上昇します。金利が急上昇するということは、裏を返せば、国債が大暴落しているということです。だから、債券の金利が大幅高になっているということは、その債券

がデフォルトする危険性があり、その国が非常に不安定だということがわかります。それも頭に置いておいてください。そのような細かい部分も理解することで金利との関係がより深くわかるようになります。

　金利の話はわかっているようでわかっていない投資家が多いのが実情です。世界が連動しているということを理解できれば、すべての投資家が金利の動向も理解しておく必要があります。一度理解すれば簡単な仕組みですが、理解するまでは頭が混乱する人がいます。投資の世界では絶対的に大事なところですので、何度も読んでしっかりと理解していきましょう。

―まとめ―

・金利には政策金利や銀行金利などいくつもの種類があります

・国債と利回りの関係を整理しておきましょう。国債価格が上昇すると利回りは下がり、国債価格が下降すると利回りは上がります

・国債利回りが高いからといって一概に喜んではいけません

・世界の10年債利回りと株価は連動しています

Chapter 7

コモディティを見れば
株の動きがまるわかり
「世界のコモディティ分析」

原油と株価の連動性

　為替・株式・コモディティ・債券、これらは連動しています。連動性があるということは、皆さんもおわかりになると思います。その中で、Chapter7では**コモディティがそれぞれのマーケットと連動している**ということを解説していきます。そして、どれくらい連動性があるかということを再確認していきましょう。

　1つの例でいうと、原油価格が株の価格とチャートがまったく一緒だとしばしば感じます。皆さんが思っている以上に連動性が高いです。そうすると、これから先、株が上がるのか下がるのか、為替が円高になるのか円安になるのか、そういうヒントは、その銘柄のチャートよりも、それに連動する銘柄のチャートを見たほうがずっとわかりやすいということがあります。

　では、原油価格の代表銘柄であるWTI原油と株価を比較してみましょう（図7-1）。ローソク足で表示しているのがWTI原油です。WTI原油とは、アメリカの原油です。WTIとはWest Texas Intermediateの頭文字です。テキサス地方の中質原油といった意味合いで、原油価格の代表的な指標です。価格表示はドル建てとなっており、オレンジ色の折れ線グラフの表示が日経225（日経平均株価）の日足チャートとなります。私はこのチャートを見ていて感動しました。何が感動するところかというと、日経平均とアメリカの原油の価格は連動性が非常に高いということです。WTI原油とNYダウの連動性があるというのなら、同じ国ですからよくわかりますが、アメリカのWTI原

油が日本の日経 225 との連動性が高いということです。もちろ
ん、WTI 原油と NY ダウのチャートも相関性はありますが、日
経 225 との相関性が高いといったことがすごいところなのです。
原油価格に注目することで、日経 225 の動きがこれからどうな
るかといったことのヒントを見つけることが出来るようになる
のです。

　例えば、今回のコロナショックで世界中の株価が大きく下落
しました。日経平均では、2 月末辺りから大きく下落しました。
ところが、相関性の高い原油価格は 1 月から下落をしていたの
です。相関性が高い原油が下落しているから株価も必ず下がる
ということではありませんが、相関性の高さを知っている人は、
この原油の動きに警戒感を抱いていたはずです。このように見

図7-1　WTI原油　日経平均株価　日足チャート(2018.9 ～ 2020.6)

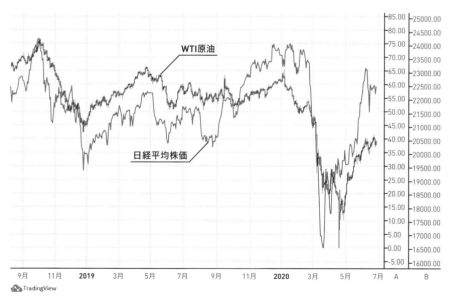

ていくとコモディティの動きを見ることでも株の動きがわかるようになるのです。これは、必ず相関性があるということではありませんので、場合によってはWTI原油とNYダウのほうがより相関性が高いとか、もしくは、WTI原油と株との相関性が低いといった時期もあるでしょう。

　ただ、世界は連動しているわけですから、WTI原油の動きと連動した違った銘柄が出てくることも考えられます。大事なことは、原油と株が連動しているという固まった考えを持つことではなく、マーケットは常に変化するわけですから、原油とどの銘柄が連動しているのか、もしくは、株がどのような銘柄と連動性が高いのかというアンテナを張り巡らすことです。このような関連性があるということは、普通の人は気がつきません。気がついたとしても、「これから先、続くのかな」と思う方もいるでしょう。これが、相関性が高くなってくると意外と続くのです。こういうこともお話ししておきます。

金（ゴールド）と株の関連性

　ここからは金と株の関係を見ていきましょう。金と日経225の関係を見ていきます。よく金と株は逆相関という話があります。逆相関というのは、もちろんご存知ですよね。でも、どの程度の相関があるのかということに関しては、なかなか知っている人はいません。逆相関ということですので、片一方が上がったときは、片一方が下がるという形になります。チャートでいうと、逆の動きになります。逆の動きになると、どのくらい相関関係があるのかがわかりづらいので、こういうときは、金の価格を逆目盛りにして表示します（図7-2）。

　Trading View では、逆目盛りにするという機能があります。価格表示は通常、「自動」のところにチェックが入っています。価格のところをクリックして、「スケールを反転」にチェックを入れれば簡単に逆目盛りになります。よく見ていただくと、価格表示の左側が金の価格ですが、上に行けばいくほど価格が安くなっているのがわかります。もしくは TradingView では、様々な演算機能が使えますので、金の価格の前に「1 ÷」というものを入れます。「1 ÷（金価格）」という計算をしたチャートが出せるようになっています。「1 ÷（金価格）」にすれば、あっという間に上下が逆になっている金価格を出すこともできます。いずれにせよ、上下が逆になっている金価格がローソク足で、オレンジ色の折れ線グラフが日経225となります。

　このチャートの金の価格が下がっているところを見てみまし

図7-2　金(逆目盛り)　日経平均株価　日足(2013.3〜2016.5)

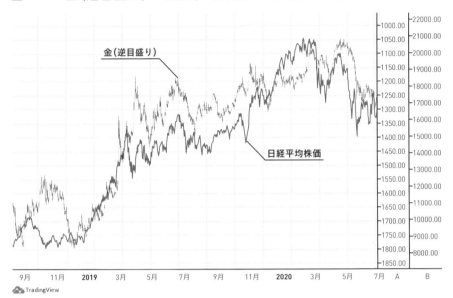

ょう。逆目盛りなので、ローソク足は上がっています。ローソク足が上がっていると、金の価格は下がっていると考えてください。それと日経225の動きを見ます。まさに連動しています。世の中が平和だと、お金は株式市場に流れ込みます。世の中に不安定な要素があると、金にお金が流れ込みます。金というのは古来より価値が変わらず、古代の金の宝飾品が、いまだに錆びつかずそのまま土の中から綺麗な状態で出てきます。不変の価値を持つ、永遠の輝きを持つ、金は投資商品の代表選手です。

　ただ、金のデメリット・弱点も頭に置いておいていただきたいです。金の弱点は、持っていても金利を生まないことです。金を持っているからといって、配当があったり、金利がつくということはありません。そうすると、世の中が安定していて、株

で値上がり益が得られる、配当がつくという状態だったら、株のほうにお金が流れ込んでくるのです。一方、株の弱点は、悪いときには下がるということです。金は下がることはありません。そういうと「金価格は変動するじゃないですか」という人もいると思います。実は、**金価格が変動するというのは、金の価値は不変で、それに対する円や米ドルの価値が上がったり下がったりするということ**です。米ドルの価値が下がると金が高くなり、米ドルの価値が上がると金の価格が下がります。それを、金が上がった、下がったといいます。でも、金の価値は変わらないのです。世の中が不安定だと、価値が変わらない金にお金が流れ込んできます。世の中が安定してくると、金利を生まない金を持っていてもしょうがないということで、株にお金が流れ込んできます。この逆相関が、歴然としています。

　ところが、コロナショック後の金と株価の動きを見てみましょう（図7-3）。ローソク足が金の通常のチャートです。先程は逆目盛りでしたが、今度は通常の目盛りです。オレンジ色の折れ線が日経225です。そうすると逆相関ではなく、相関性が高まってきているのです。コロナショックで金も株も大きく売られました。3月20日以降からは金も株も上昇しています。

　このように見ていくと、相関性が高くなっていることがわかります。ここから何が見えるかというと、現状の動きが通常の動きをしていないということです。本来ならば逆相関の関係になるべきところが、同じように連動しています。金がなぜ買われているのかというところがポイントです。世の中が平和なのに、金が買われることはありません。株が上がっているのに、金

図7-3　金（通常目盛り）　日経平均株価　日足（2020.1 〜 2020.6）

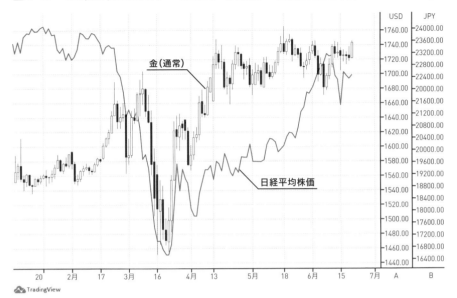

が買われるということはほとんどありません。そういう状況の中で、金がするするっと上がっています。これは、世の中に不安定な要素があるという一番の証拠なのです。このように、金の動きを見ることで株式市場の動向がはっきりと浮き彫りになってくるのです。

原油と為替の連動性

　では、知らない方が意外といるという連動性をお見せします。それは、原油とユーロ／米ドルです。先ほど、日経225とWTI原油の関連性が非常にあるという話をしました。もちろん、原油の動きというのは世界全体で同じように動きますが、中でも**原油とユーロ／米ドルの連動性が非常に強い**のです。これを知っていた人がどれだけいるのでしょう。けれども、このことを知らない人が多いのです。だから、こういうことを知っているというのは、非常にメリットがあるのです。なぜなら、原油とユーロ／米ドルの関連性を見ることでマーケットの変化をいち早く察知することができるからです。

　ローソク足がWTI原油、オレンジ色の折れ線がユーロ／米ドルとなります（図7-4）。もちろん、細かくいうと、まったく同じ動きではありません。連動しないときもあります。しかし、大きな流れとしては、ユーロ／米ドルと原油がこれだけ相関関係があるということは、これから先、ユーロ／米ドルが高くなると原油も高くなるのではないか。逆に、原油が下がってくるとユーロ／米ドルも下がってくるのではないか、ということが想定できますよね。このようなことを、知っているのと知らないのとでは大きな差が出ると思います。

　何がいいたいかというと、世界は連動しているということです。株・為替・コモディティ・金利、こういうものは連動しています。その連動性を知っている人と知らない人がいます。同

図7-4　WTI原油　ユーロ／米ドル　日足（2012.5 〜 2018.6）

じ投資の世界で、他の人よりも一歩先に出るためには、他の人が知らないことを知っている必要があります。そして、コモディティはたくさんあるのですが、**金と原油の２つは必ず見ていく**ようにしましょう。

　もう１つ、**「ロイター商品指数」**も見てください。これも、TradingViewで表示ができます。コードは「TRJEFFCRB」となります。CRB商品指数というものを見たことある方もいるかもしれません。コモディティの指数の中で、一番代表的なものです。つまり、コモディティ全体が上がっているのか、下がっているのかということがわかります。インフレ方向に向かっているのか、デフレ方向に向かっているのかを一番よく表しています。

④ 金利とコモディティの関係

　最後に、金利とコモディティの関係を確認しておきましょう。まず金利と原油の関係を見ていきます（図7-5）。金利が上昇するときは通常は景気が回復しており、インフレ方向に向かっていて、原油も上昇しやすい傾向となります。一方で、金利が下落するときは景気が後退する動きとなり、デフレ方向に向かい、原油価格は下落しやすい傾向となります。

　では、金との関係はどうでしょうか。金利が上昇するということは、景気が回復する方向に向かうわけですから、金にとっては下落する要因となります。また、金利が下落するというこ

図7-5　米10年債利回り・金・WTI原油（2018.1 ～ 2020.8）

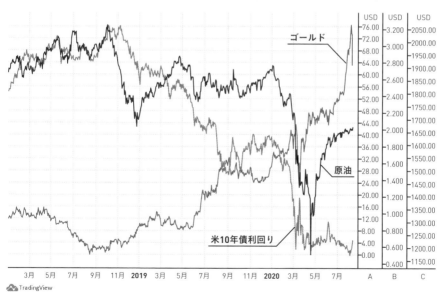

とは、景気が後退する方向に向かうわけですから、金にとっては上昇する要因となります。

　様々な関係性や相関、逆相関などを見てきました。大事なことは、1つの動きがあったときに、「この銘柄と相関性が高いからこうなる」といったように、決めつけて物事を見てはいけません。世界は連動していますが、時期によってそれぞれの相関性は変化していきます。その変化をしっかりととらえることが重要です。そして、コモディティも株や為替と連動しているということを認識しておきましょう。

―まとめ―

- ・原油と株価はどちらかというと相関関係にあることが多いです
- ・金と株価は逆相関関係になりやすいのが通常です。そうなっていないときには注意が必要です
- ・ユーロドルと原油の高い相関関係は意外と知られていませんが、マーケットの変化をいち早く察知するのに有効です
- ・コモディティと金利の関係にも相関と逆相関があることを理解しましょう

Chapter 8
プロが見ている「注目チャート」

恐怖指数といわれる「VIXチャート」

　プロと個人投資家との違いはどこにあるのでしょうか。当然のことですが、トレードに対する考え方やトレードルール、分析手法の違いなど、キリがないほどあるかもしれません。ただ、すべてを真似することは出来ないとしても、プロがどのような銘柄を見て相場の判断をしているかがわかれば、個人投資家の方にとっても大いに参考になるのではないでしょうか。

　プロは日々チャートをチェックする際に、取引している銘柄だけをチェックするということはありません。株式市場に参加している方のマーケット心理などにも注目しています。マーケット参加者の心理状態がこの上なく強気になっているときには、反転に警戒しポジションを調整していきます。また、その反対にこの上なく弱気になっているのであれば底打ちを意識します。このように、マーケット参加者の心理を理解することが出来れば、株価の変化をいち早く察知することが出来るようになります。それをプロの方々に聞いて回るわけにはいきませんので、**マーケット心理を表している銘柄を確認することでマーケット心理の代替として活用しています。**

　では、マーケット心理を代替する銘柄とはどのようなものがあるのでしょうか。それは、世界的な代表銘柄として米国の「VIX指数」になります。これは、「恐怖指数」という異名を持ちます。恐怖という異名が怖さを感じさせてしまうかもしれませんが、マーケット参加者の恐怖感が指数に反映されることか

ら名づけられました。マーケット参加者が抱く恐怖感とは、ずばり株価が下落することです。特に急落する際には市場が混乱しますので、「VIX指数」も大きく変動します。

　では、このVIX指数はどのように計算していくのでしょう。それは、シカゴ取引所がS&P500指数のオプション取引から算出したボラティリティ（株価変動率）をもとにしています。デリバティブ取引の1つであるオプション取引自体の計算式は、ノーベル経済賞を受賞したブラック・ショールズ・モデル方程式をもとにして、オプション取引でのインプライド・ボラティリティ（IV＝将来の変動率）が使われます。

　オプション取引には、銘柄を「買う権利」であるコール・オプションと、銘柄を「売る権利」であるプット・オプションがあり、それらは投資家心理を反映しているため、将来の株価がある程度予測できるといわれています。なぜなら、IVが高くなればなるほどオプション価格が高くなり、IVが低くなればなるほどオプション価格が低くなるからです。

　そのオプション価格を決めるのは本質的価値、時間、IVとなります。株式市場への参加者が、株価が激しく変動すると予想したときはボラティリティが上がり、VIX指数も上昇します。逆に変動が穏やかになると予想したときはボラティリティが下がり、VIX指数も下がるのです。ただし、株価が激しく変動するケースとは、株価が上昇するときと下落するときの両方があるわけですが、一般的には、上昇よりも下落のほうが激しく動くことが多いので、VIXの上昇は株価の下落といったイメージが強くなっています。

　ただし、本質は若干違うということを知っていると VIX 指数の理解が深くなります。そして、VIX 指数が 15 〜 20 前後にある場合は、市場参加者の心理状態が落ち着いているとされ、20 を超えると市場が何かに反応し始めたと見ることができ、30 を超すと市場で相当大きな出来事が起きているであろうというのが VIX 指数の一般的な見方となります。この VIX 指数は TradingView で簡単に表示することができますので株価だけでなくこの VIX 指数（コード：VIX）も確認して相場の変動をいち早く察知できるようにしていきましょう（図 8-1）。

　図 8-2 は、S&P500 と VIX 指数を 1 つのチャートに表示しました。このように株価と VIX 指数のチャートを比較してみると動きがよくわかります。VIX 指数が何年かに一度大きく上昇しているのがわかります。ロシア危機（1998 年）、米同時多発テロ（2001 年）、リーマンショック（2008 〜 2009 年）、ギリシャ危機（2010 年）など、世界的な株式市場の危機に際して見事に VIX 指数が上昇しているのがよくわかります。このように株式市場の動きと VIX 指数を合わせると VIX 指数が恐怖指数と言われる理由がよくわかります。

　そして、チャートの目盛りの右側が VIX 指数、左側が S&P500 の目盛りになります。その VIX 指数が 20 のところと 30 のところにオレンジ色い線を引いています。基本的な見方として、先ほども触れましたが、VIX 指数が 15 から 20 の間では株式市場の状態が落ち着いているとされ、20 を超えると市場が何かに反応し始めたと見ることができ、30 を超すと市場で相当大きな出来事が起きているであろうという見方です。株価と VIX 指数を

図8-1　VIX指数　月足（1997.12 〜 2020.1）

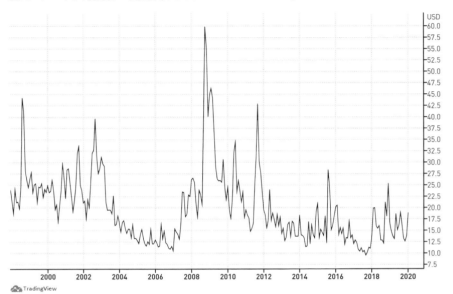

図8-2　S&P500とVIX指数の月足チャート（1997.12 〜 2020.1）

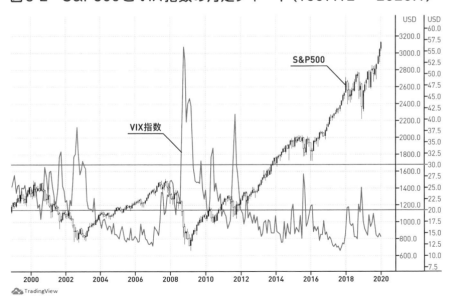

比較しながら見ていくと、逆相関の関係になっているのがよく
わかります。このようなところを理解しながら、プロが見てい
るチャートを日々チェックしていると、マーケット心理の推移
をより深く把握することが出来るようになります。

② 日経平均VIから 今後の値動きを読み解く

　日本株のマーケット参加者心理を表しているのが「日経平均VI」です。これは、市場が期待する日経平均株価の将来1カ月間の変動の大きさ（ボラティリティ）を表す数値で、株式収益率の標準偏差のようにパーセント単位で表示されます。計算には日経225オプション価格が用いられます。これは、日本経済新聞社によりリアルタイムで算出・公表されています。

　日経平均VIは、米国のVIX指数と基本的な考え方は同じですので、日経平均株価が急落するときに急上昇するという特徴があり、日経平均株価とは逆相関の関係になる傾向があります。一方で、数値が急上昇した後に、一定のレンジ（20～30程度）に回帰するという特徴も持っています。

　この日経平均VIを使った銘柄で取引をすることもできます。「日経平均VI先物」という商品があり、「日経225先物」と同じように限月が決められ、そのタイミングで差金決済したり、期中で売買したりします。オプションには対象銘柄の保険の役割がありますが、再保険のようにオプションのヘッジとしても使うこともできます。この日経平均VIと日経平均VI先物では、当然のことではありますが若干数値が違います。また、現段階ではTradingViewで日経平均VI先物（コード：NKVI1）を表示することができますが、通常の日経平均VIは表示できませんので、日経平均VI先物で確認しましょう（図8-3）。

　日経225と日経平均VIを比較したチャートを見ると、逆相

図8-3　日経平均VI　日足チャート（2017.8 ～ 2020.1）

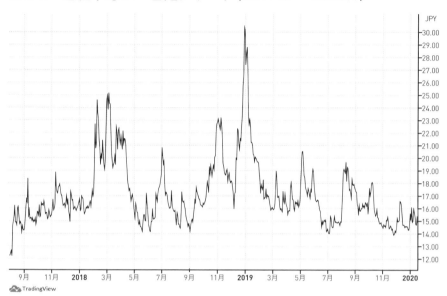

図8-4　日経225　日経平均VI　週足チャート（2012.8 ～ 2020.1）

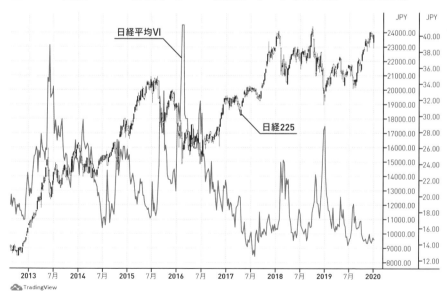

関の関係であることがよりはっきりとわかります（図 8-4）。つまり、米国の株式市場と VIX 指数の関係と同様に、日経平均と日経平均 VI の関係も日経平均が上昇すると日経平均 VI が下がりやすく、日経平均が下降すると日経平均 VI が上昇しやすいということです。このように自分が取引をしている銘柄だけを見ているだけでは、ここまでの深い分析はできません。日経平均 VI 先物を取引しましょうということではなく、日経平均 VI の推移を見ることで、株式市場の変化をとらえることができるようになるのです。

③ プロと同じ目線を持とう

　このように VIX 指数や日経平均 VI をチェックすることで、投資家心理の動向を把握することができます。VIX 指数や日経平均 VI が上昇を始めたときには、株式市場に変化が起きていると理解して、特に株式市場にとって良くないニュースが入ってきていると想定できるので、世界や日本の細かなニュースを見ていなくても、VIX 指数や日経平均 VI を追いかけるだけで、マーケットに出てきている予兆を感じることが出来ます。

　図 8-5 に、VIX 指数と日経平均 VI の比較チャートを出しています。これは 2020 年のコロナショック前後の推移です。このように比較をすると VIX 指数と日経平均 VI のチャートの推移は若干違いがあるものの、非常に似た形状となっているのがわかります。

　こうしてみると、株式市場だけでは気づき難い変化も VIX 指数や日経平均 VI をチェックすることで、今回のような大きなショックであっても回避することができたかもしれません。なぜなら、プロはこのようなチャートもしっかりと見ながら、日々の細かな変化にも対応できるように準備をしているからです。

　でも、大丈夫です。読者の皆さんはここで、VIX 指数や日経平均 VI を見ることで相場の変化をとらえやすくなることを学びました。しかも、TradingView では、このようなチャートも簡単に表示することができるのです。取引している銘柄だけをチェックするのではなく、プロが見ているチャートをチェック

図8-5 VIX指数と日経VI 日足チャート(2019.12〜2020.8)

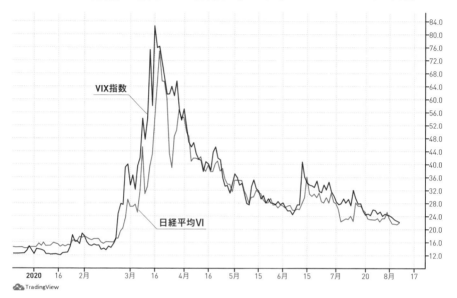

することで、あなたのトレードは大きく変わっていくことでしょう。

—まとめ—

・プロは恐怖指数といわれるVIX指数もチェックしています

・日経平均の動きに対しての日経平均VIもVIX指数と同じような役割を果たしています

・VIX指数の動きを確認することで、マーケット参加者の心理を理解することが出来れば、株価の変化をいち早く察知することが出来るようになります

Chapter 9

さらに高度なチャート分析で
株式相場の勝者に！

日米の金利差をチャートで

　Chapter8 は VIX 指数と S&P500 のチャートを同時に表示したり、日経 VI と日経 225 を同時に表示したりしました。TradingView を使うと自由自在に様々なチャートを表示することができます。このような便利で高度な使い方を理解することで、株式相場の勝者に近づくことが出来るようになります。では、その高度な表示方法を教示しながら、どのように活用するのかも含めて解説していきましょう。

　まず初めに、日本と米国の金利の差をチャートに表示しましょう。金利というのは経済に多大な影響を与えています。お金を預けるにせよ、借りるにせよ金利が関係してきます。ですから、この金利の動きを理解することで経済の動向を理解することが出来るようになります。さらには、その金利を日本と米国で比較することで日米間の経済動向を把握することが出来るようになります。中央銀行の政策によってそれぞれの国の金利の動向は変わりますし、実体経済によっても変わってきます。それらの複雑な金利の違いをチャート1つで表示することが出来るのです。もちろん、日米だけでなく日本とドイツでも比較出来ますし、主要国の金利であれば、どのような国同士でも比較することができます。

　では、TradingView でどのように表示するのかを見ていきましょう。まずは**チャートをローソク足からラインチャートに切り替えます**(図 9-1)。銘柄を入力するところに米国の 10 年債利

図9-1　ラインチャートへの切り替え

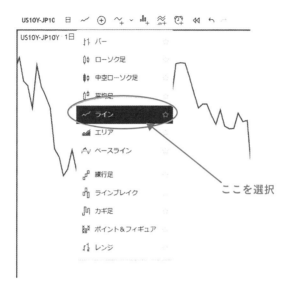

図9-2　銘柄の入力

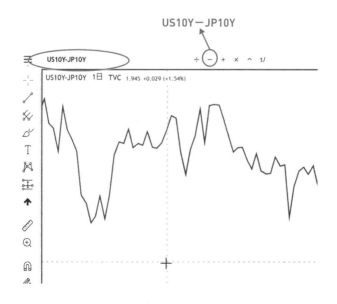

図9-3　US10Y-JP10Y

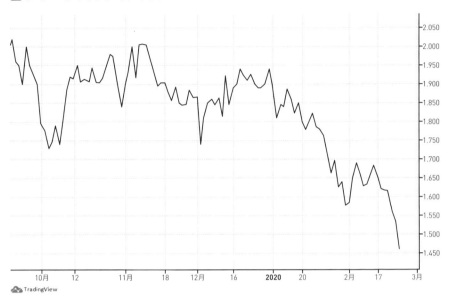

回り「US10Y」を入力します。次にその横に出てくる「÷ －
＋ ……」のところの「－」にチェックを入れます。そうすると
「US10Y －」となります。次に続けて日本の10年債利回り
「JP10Y」を入力します(図9-2)。そうすると、「US10Y － JP10Y」
となりますので、そのままエンターキーを押します。そうする
と、図9-3のようなチャートが表示され日米の金利差チャート
を表示することができます。

　この日米の金利差チャートを表示することで何を分析するこ
とができるのでしょう。Chapter5において為替を見れば株の動
きがわかるということを解説しました。例えば、ドル円を取引
するときに、どちらの通貨が強いのかを判断する基準の1つに
各国の金利があります。金利の高い通貨のほうが金利の低い通

貨よりは資金が集まりやすいという傾向があります。新興国通貨の場合は別ですが、米国と日本のように先進国同士であれば為替における金利の影響というのは多大にあります。そのときに、日米の金利差を確認しようと思えば、今まではいくつかのサイトを確認して金利差を計算しなければいけませんでした。ところが、TradingView を活用することで簡単に表示され、なおかつ、過去からの流れもわかるため、為替を取引する上での絶対的に必要な分析になります。

　ここでは、基本的な 10 年債利回りの差を表示しましたが、この方法を理解すると、Chapter6 で話しました米国の 10 年債利回りと 2 年債利回りの差を表示することができます。10 年債利回りが 2 年債利回りよりも低くなる逆イールド（景気後退のサインとされる現象）なども直ぐに確認することができるので、この機能をフル活用していきましょう。

2企業の価格差をチャートで

　次に2企業の価格差をチャートで表示しましょう。例えば、為替がドル高円安になり輸出関連企業にとって優位な為替の動きになったとします。その状況で輸出関連株を選ぶとき、どの企業を選べばよいかを判断するときなどに、この価格差チャートを使います。表示の仕方は先ほどと同じです。仮にトヨタ自動車と日産自動車の価格差チャートを出すときは、まず、トヨタ自動車のコード「7203」を入力し、「÷　−　＋　……」のところの「−」にチェックを入れます。次に日産自動車のコード「7201」を入力してからエンターキーを押せば、図9-4のように表示されます。これも一度使い方をマスターすれば、応用編として日経225と個別株の差を見るとか、TOPIXと個別株の差を見る、もしくは日経225とTOPIXの差を見ることでマーケットの状況を理解することができるようになります。

　この機能を使うことで企業間の価格差がわかるので、どの企業が割高だとか割安だということが理解できます。また、日経225とTOPIXの差を見ることで、どちらのほうが買われているとか、売られているといったことも分析できます。さらに、演算機能の割り算を使えば、「日経平均株価÷TOPIX」（NT倍率）も簡単に表示できます（図9-5）。日経平均株価は値がさ株の影響を受けやすく、TOPIXは時価総額の大きい株に影響を受けやすい特徴があるので、そのNT倍率を見ることで2つの指数の相対的な強弱を判断することもできるため大変便利です。

図9-4　トヨタ自動車（7203）―日産自動車（7201）

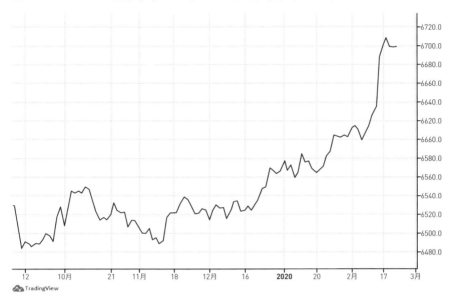

図9-5　NT倍率（日経平均÷TOPIX）（2017.9 〜 2020）

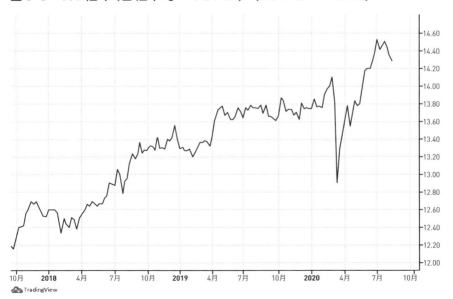

③ 日本株を米ドル換算のチャートに

　今度は日本株をドル換算のチャートに変換してみましょう。なぜドル換算にするかというと、日本にいれば円換算だけで問題ありませんが、海外勢からすれば日本の個別株にしても日経225にしても、円建てではなく米ドル建ての価格で見ているからです。こうした複雑な変換もTradingViewであれば一発で換算することが出来ます。一度この便利さを体験するとTradingView以外のチャートシステムが不便でしょうがなくなります。

　いずれにせよ、米ドル建て換算にするには、先ほどと同じようにまずは銘柄コードの「7203」を入力します。今度は「÷－＋……」のところの「÷」にチェックを入れます。そして、「USDJPY」を入力してからエンターキーをクリックすると米ドル換算されたトヨタ自動車の株価を表示することができます（図9-6〜図9-8）。これができるようになれば、日経225を米ドル建て換算にしたり、逆にNYダウを円建てに換算したりすることもできるようになります。これを応用すれば、例えば米ドル建ての原油や銅価格を円換算することもできますし、米ドル建ての米国株をユーロに換算することもできるということです。

図9-6 トヨタ自動車（7203）（2018.12 ～ 2020.2）

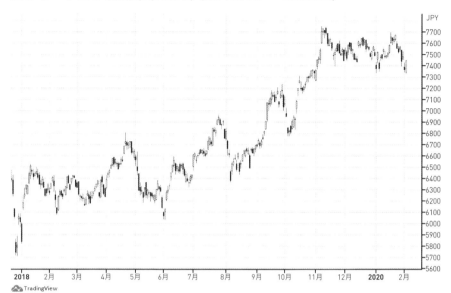

図9-7 トヨタ自動車（7203）÷ USDJPY（2018.12 ～ 2020.2）

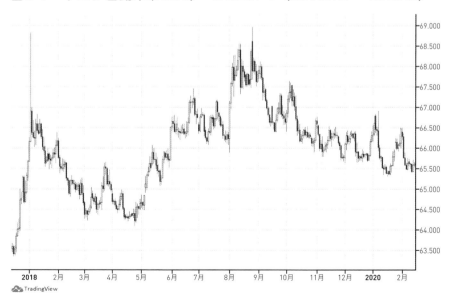

図9-8　トヨタ自動車(7203)とトヨタ自動車(7203)÷USDJPY（2018.12〜2020.2）

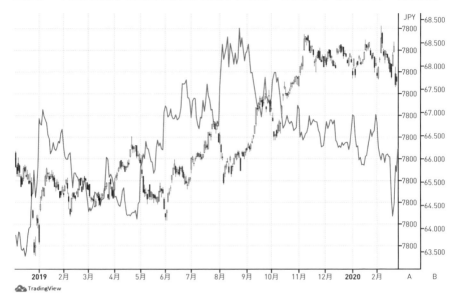

④ あらゆる通貨ペアの強弱を比較する

　最後に、非常に高度ではありますが、一度使うと手放せない最強の表示方法を伝授いたします。通貨ペアの強弱を比較するチャートです。あらゆる通貨ペアを表示できますので、例えば、2020年に入ってから一番強い通貨が何かとか、今週の最強の通貨と最弱の通貨はどれかなどを表示できる方法です。やり方は難しいですが、一度覚えてしまえば簡単にできるようになりますので、これを機に是非マスターしていきましょう。

　まずは銘柄コードを米ドル／円（USDJPY）と入力してください。それを、ローソク足からラインチャートに替えましょう。そこからは、「⊕比較」ボタンをクリックして**比較する通貨ペア**を入れていきましょう（図9-9）。円を基準にしたほうがわかりやすいと思いますので、円を基準に入れてみましょう。ユーロ／円（EUR/JPY）をクリックするとチャートに折れ線で表示されます。後は、比較する通貨ペアをどんどん入力していきましょう。ポンド／円（GBP/JPY）、スイスフラン／円（CHF/JPY）、カナダドル／円（CAD/JPY）、豪ドル／円（AUD/JPY）、ニュージーランドドル／円（NZD/JPY）と主要通貨ペアを入力すると、図のようなチャートとなります。

　図9-10は2019年からの通貨ペアの比較をしているのですが、右側目盛りの真ん中に0％の表示があります。0％よりも高い通貨は円よりも強く（円安）、0％を下回っている通貨は円よりも弱い（円高）ことが一目でわかります。2019年の初めから見る

図9-9　通貨ペア比較チャート

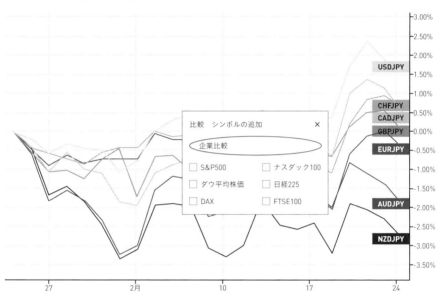

図9-10　通貨ペア比較チャート（2019〜2020.2）

と、2019年3月頃に全体的に円安方向に推移しており、そこから9月前後にかけては多くの通貨が円高方向に動いて、2020年前半は完全に二極化しているという非常に高度な分析を誰でもできるようになります。これを円ベースではなく米ドルベースにすれば、米ドルと比較した他の通貨の強弱がわかるということです。この仕組みを理解すれば応用編として、個別株を比較することもできます。例えば、同じ業種の個別株を5銘柄でも10銘柄でも同時に表示して、どの銘柄が一番強く、どの銘柄が一番弱いかといったことが直ぐに表示することができます。

　このように差を見たり、比較したり、掛けたり、割ったりすることで、さらに高度な分析ができるようになるのです。TradingViewの使い方を理解すればするほど、これ以上に便利なチャートシステムはないということを感じるはずです。将来的にはわかりませんが、現時点では世界最高ツールといえるチャートシステムですので、ぜひ使い方も覚えて一段、二段とレベルアップした分析をして、株式相場において安定的に勝てる投資家を目指しましょう。

―まとめ―
　・TradingViewの演算機能を使いこなしましょう
　・金利差や2つの企業の差を見るときは「－」を使いましょう
　・ドル換算や、NT倍率を計算するときは「÷」を使いましょう

・比較チャートは投資家にとって絶対必要不可欠な機能なの
　で使い方をマスターしましょう

Chapter 10

コペルニクス的転回の
「銘柄選び」その極意

株式銘柄の選び方

　株式投資家はファンダメンタルズ分析に基づいて銘柄選びをしている方が圧倒的に多い、と私は感じています。ファンダメンタルズ分析がいけないということではありませんが、買うための指標や売る指標といったルールを構築し難いのがファンダメンタルズ分析です。そこで、Chapter10では、コペルニクス的転回の「銘柄選び」その極意を伝授していこうと思います。

　16世紀、それまで地球の周りを太陽などの惑星が動いているという「天動説」の考え方が主流だった時代に、コペルニクスというポーランド出身の天文学者は、太陽の周りを地球などの惑星が動いているという「地動説」を唱えました。彼の説は直ぐには世の中の主流の考え方にはなりませんでしたが、彼の功績をたたえて180度見方が変わってしまうことを「コペルニクス的転回」といいます。つまり、Chapter10では今までの銘柄選びが180度変わるような考え方をお話ししていきます。小次郎講師式の銘柄選びをしっかりと学んでいきましょう。

　まずは株式銘柄の選び方から見ていきます。多くの個人投資家は現在もファンダメンタルズ分析に基づいて銘柄を選択していると思います。売上高や利益、ROE（自己資本利益率）などの企業の業績や財務情報、PER（株価収益率）や配当利回りといった指標を基に選択されているのでしょう。もしくは、株主優待の内容によって銘柄を選択しているという個人投資家も、最近は増加傾向にあるように感じます。企業の業績や財務情報

を理解することは決して悪いことではありません。むしろ、その企業の内容をより理解することができるようになります。ただ、その場合は一般的な企業の株価がどれくらいかという指標はできますが、株価はその指標通りに動いてくれることはなく、指標を意識しすぎることで判断を誤ってしまうこともあります。なぜなら、その指標は過去の指標であってこれからの指標ではないからです。そこが、ファンダメンタルズ分析の難しいところであり、ROE や PER でどうなれば仕掛けて、逆にどうなれば手仕舞うといったルールが構築できない理由です。

　もちろん、ファンダメンタルズ分析で銘柄を選択し、仕掛けや手仕舞いといったところだけにチャート分析を使う方法も考えられます。ルールの構築が難しいファンダメンタルズの補完をチャート分析でするという方法です。しかし、それでは満足のいくトレードはできません。なぜなら、「ファンダメンタルズが良い会社＝トレードしやすい会社」とはならないからです。どういうことかというと、業績の良い企業のチャートがトレードしやすく、そうでない企業のチャートがトレードし難いということではないからです。それは、イコールではつながらないのです。トレンドが発生するときにトレンドの強弱を示すノイズの大きさがチャートによって違うのです。業績優秀な企業でもトレンドのノイズが大きければトレードには不向きになるのです。

　では、どのような基準で銘柄を選択すればよいのでしょうか。これから、小次郎講師式の銘柄選びの極意を伝授いたしましょう。小次郎講師式はチャートから銘柄を選択します。どのよう

図10-1　チャートがわかりやすい銘柄を選択する

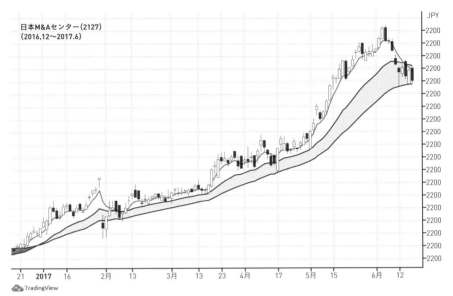

図10-2　トレンドが出現しない銘柄（2586）

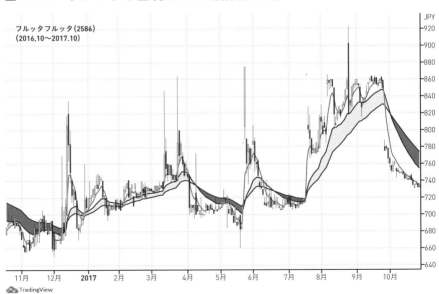

に選択するかというと、チャートが綺麗で上昇するときはわかりやすく上昇し、下降するときもわかりやすい動きをするチャートを選ぶのです。

　具体的に見ていきましょう。まず大事なことは、トレンドが出現することが多いチャートを選択するということです（図10-1）。綺麗なチャートと一言でいっても、長期で綺麗にもみ合い相場が続いていて、トレンドが出現しない銘柄であれば、どれだけ頑張ってもトレードで利益を上げることができないからです（図10-2）。次に、その出現したトレンドが継続する時間が長いかどうかです。トレンドの出現が多いからといっても、直ぐにそのトレンドが終わるのであれば大きな利益を狙うことはできません。出現したトレンドが継続しなければいけないのです。

　価格変動も重要な要素となってきます。先程ノイズということをお伝えしましたが、価格変動が大きすぎてはトレンドが継続しているといっても難しくなります。適度な価格変動が必要なのです。

　最後に重要なポイントとして、窓を空けすぎない銘柄であり、ヒゲが多すぎない銘柄を選択します。個別株においては、24時間取引ではなく、取引時間が9時から15時という短い時間になります。グローバル化している現代においては、欧州時間や米国時間に大きな材料が入るとマーケットに直ぐに反映されます。ところが、欧米時間に大きなニュースが入ったとしても日本の個別株に反映されるのは翌日の9時になってしまうという事情があります。そうなると、どのようなことが起きるかというと、取引ができない価格帯が発生することにより、大きな窓を空け

　るということが起きるのです。だからこそ、できるだけ窓を空けにくい銘柄を選択することが大事になってくるのです。

　1日の動きの中で激しく乱高下する銘柄もトレードする銘柄としてはお勧めできません。そのような銘柄はローソク足に長いヒゲが多く出現します。その長いヒゲの影響で不必要なロスカットが増えたりしてはトレードの成果を悪くしてしまいます。

　このようにして銘柄を選択することでトレンドがわかりやすく、そのトレンドが継続することでトレードしやすくなります。これが小次郎講師式の銘柄選びとなります。

②FX銘柄の選び方

　FX の通貨ペアの選び方を見ていきましょう。FX は個別株と違い何千銘柄の中から選択をするというわけではありません。主要通貨の中からペアを選ぶという面では個別株ほどの大変さはありません。

　では、まずは主要通貨を見ていきましょう。米ドル、ユーロ、円、ポンド、スイスフラン、カナダドル、豪ドル、ニュージーランドドル（NZ ドル）の 8 通貨になります。最近は、トルコリラやメキシコペソ、またはその他の通貨もありますが、個別株のときの考え方と同じで、この主要通貨以外のチャートを選択する場合は個別株のようにチャートの形状をしっかりと確認しましょう。

　主要通貨のペアを選択するときには、どのようにするかをお伝えいたします。Chapter9 でお伝えした比較チャートを活用します。ドルストレートやクロス円などに分けて比較チャートを出します。

　例えば、図 10-5 の時期においてのクロス円比較チャートを見ると、円に対して米ドルやスイスフランが高く、豪ドルや NZ ドルが安いということがわかるので、買いを検討するのであれば米ドル／円やスイスフラン／円であり、売りを検討するのであれば NZ ドル／円を選択するといった考え方もできます。もしくは、米ドルが一番強く NZ ドルが弱いのであれば、NZD／USD（NZ ドル／米ドル）の売りを検討するといった考え方も

図10-5　通貨ペア（クロス円）

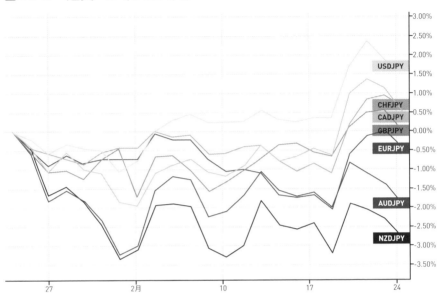

図10-6　通貨ペア比較（ドルストレート）

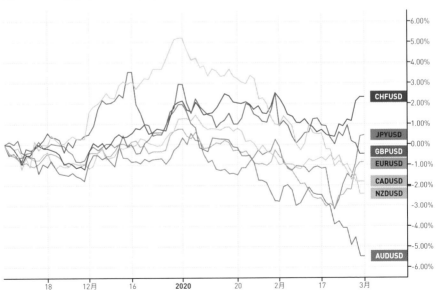

できるようになります。さらには、米ドルを最初にもってきて他の通貨と比較することで、どの通貨が強くどの通貨が弱いのかを比較することができます。図10-6では、主要通貨を前に持ってきて米ドルを後ろに持ってくることで、米ドルに対してどの通貨が強くて、どの通貨が弱いかが一目でわかるチャートになっています。これで見れば、この時期はスイスフランが強く豪ドルが弱いことがわかります。このパターンであれば、スイスフラン／豪ドルを買いで検討するといった考え方もできるのです。そして、**強弱を調べたら、個別株のようにチャートのトレンドの出現や継続性、カウンティング、価格変動の大きさ、そして、窓やヒゲの状況を見ながら最終決定**していきます。もし、スイスフラン／豪ドルのチャートのヒゲがやたらと長いということであれば、素直に米ドル／スイスフランの売りや豪ドル／米ドルの売りを検討するようにしていきます。

　このように、FXにおいてもファンダメンタルズやニュースで銘柄を選ぶ方法ではなく、すべてチャートで選ぶのが小次郎講師式の銘柄選びです。そうすることで、どのようなチャートがトレードしやすく、逆にどのようなチャートが難しいかを学習していくことができます。その学びがチャート分析の向上につながっていきますので、さらにトレード技術が向上していくのです。チャートで銘柄選びをするということは、銘柄選びはもちろんのこと、トレード技術の向上にもつながるということを知ると、これが、コペルニクス的転回の「銘柄選び」であることがよくご理解いただけるはずです。

その他の金融商品の銘柄の選び方

　昨今は、金融商品の多様化により非常に多くの商品が出てきています。例えば、仮想通貨（暗号通貨）もそうですし、CFD（差金決済取引）などもそうです。また、昔からの先物やコモディティなどを含めるとどれだけの種類があるかわからないくらいの銘柄数があります。

　ただ、これらの先物取引やコモディティもそうですし、CFDや仮想通貨もそうですが、やはり銘柄はチャートから選びましょう。基本的な考え方は株式の銘柄選びで話しましたが、チャートが綺麗ということは、基本的には相当のボリューム（取引量）が多いということです。でなければ、綺麗なチャートにはならないのです。実体のない十字線や寄引同時線だらけのチャートは取引量が少ないか、取引がある時間に偏りがあるためにトレードに向いていないのです。窓を多く空けたり、ヒゲが多すぎるというのも同様です。チャートの形状から判断する訓練を繰り返すことでチャートから銘柄選びができるようになります。

　チャートを見て銘柄選びをすることは「森」を見ることです。仕掛けと手仕舞いを考えることはローソク足の動きを見ることですので、どちらかというと「木」を見ることです。「木を見て森を見ず」ではいけませんし、「森を見て木を見ず」でもいけません。「森」も「木」も見ながら現状分析をしていきます。そして、チャートメンタルズ分析を極めていくと、世界の株式市場、為替市場、金利市場、コモディティ市場などをチャートで網羅

することで、世界の流れがわかり、世界が連動していることに気づき、それにより株価も為替も簡単に流れを読むことができるようになります。すべてはチャートから始まるのです。

―まとめ―

- ・小次郎講師式の銘柄選びはファンダメンタルズではなくチャートで選びます
- ・チャートが綺麗で、上昇するときはわかりやすく上昇し、下降するときもわかりやすい動きをするチャートを選びましょう
- ・比較チャートを使い強い通貨と弱い通貨ペアの組み合わせを選びましょう
- ・CFDや仮想通貨、先物やコモディティも取引量が多い銘柄を選びましょう

Chapter 11

総合分析

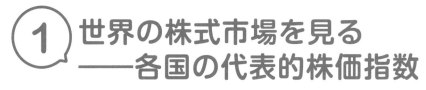

Chapter 11　総合分析

① 世界の株式市場を見る ——各国の代表的株価指数

さて、いよいよチャートメンタルズ分析の真髄です。「11　総合分析シート」を記入していきましょう。記入の仕方を紹介します。

①上昇している国（市場）は？

上昇していると言っても期間設定で異なります。過去1カ月でどうか？　過去3カ月で見るとどうなるか？　半年では？　1年では？　おおむねこの4パターンで見比べますが、一番大事なのは過去3カ月、続いて直近1カ月となります。

定点観測で毎日世界の株価指数をチェックします。こちらは巻末付録の銘柄一覧を参照ください。

・上昇している市場はどこか？
・世界の中で上昇している国がどれくらいあるか？
・それが増えているかどうか

を分析し記入します。

ステージ1で帯が右肩上がりの国が50％を超えてくれば、それはもう世界の潮流です。このパーセンテージは勢いがつくと90％を超えてきます。その流れがあるときは世界中で株式市場にお金が流れ込んでいることがわかります。ということは、日

本市場の個別株まで上昇しやすいということがわかります。

②下降している国（市場）は？

　上昇と同じく、過去1カ月、過去3カ月、過去半年、過去1年のトレンドを見比べます。
　その中で過去3カ月のトレンドを確認し、直近1カ月、そのトレンドが加速しているか、継続しているか、反転しているかに注目します。
　定点観測で毎日世界の株価指数をチェックします。

・下降している市場はどこか？
・世界の中で下降している国がどれくらいあるか？
・それが増えているかどうか

を分析して記入します。
　ステージ4で帯が右肩下がりの国が50％を超えてくれば、やはりそれは世界の潮流です。このパーセンテージは50％を超えたところから一気に80％超えまで、数日で到達することがありますので要注意です。
　この流れが出てくると、世界中で株式市場からお金が逃げ出していることがわかります。日本の個別株に至るまで、早めに手仕舞っておくことをお勧めします。

③世界の連動性は？

　世界の株式市場は、ときに連動して上がり、連動して下げますが、ときに各国の経済状態でばらばらの動きになることがあります。私のイメージでは10年くらい前までは連動するときが1年のうちおよそ20％くらい、それ以外は国によってばらばらというものでした。それが近年連動性が高まり、現在では逆におよそ80％の時期に連動が感じられます。各国がばらばらの動きをするほうが珍しいという状況になっています。

　連動性がある時期は、個別銘柄においても業績より世界の動きが優先します。世界で株が上昇している時期は、業績の悪い会社の株も上がります。また世界で株が下降している時期には、業績の良い会社の株も下がります。

　ただ、世界の株が上昇し、日本の個別株も買われていく中で業績の良い会社はより上昇し、業績の悪い会社は上昇幅が小さいという差が出ます。世界の株が下降しているときには、業績の良い会社の個別株は下落が小さい、業績の悪い会社は下落幅が大きいということになります。つまり、上がるか下がるかは世界の株式市場の動向が最優先で影響するということです。

　投資家は世界の株式市場の連動性にいち早く気がつかなければいけません。気がついたなら、その動きに逆らってはいけません。

　・現状世界の株式市場の連動性を「高い・ややある・あまりない・ない」で分析して記入しましょう

② 世界の為替を見る
──主要国の為替の動き

①今強い通貨は何か？

　１週間、１カ月、２カ月、３カ月という単位で通貨ペアの動きを見ます。一番大事なのは１カ月の動き、続いて１週間の動きです。米ドル／円の動きを見て、上昇トレンドがあったとしても米ドルが強いのか円が弱いのか、区別がつきません。そのときはユーロをプラスしてユーロ／米ドル、ユーロ／円の動きを見ます。すると、米ドル／円の上昇が米ドル高なのか、円安なのかが区別できます。米ドル高ならユーロ／米ドルは右肩下がりになるはずですし、円安ならユーロ／円が右肩上がりになるはずです。

　・主要国通貨のうち、強い通貨を列挙しましょう

②今弱い通貨は何か？

　やはり１週間、１カ月、２カ月、３カ月という単位で通貨ペアの動きを見ます。一番大事なのは１カ月の動き、続いて１週間の動きです。主要通貨（米ドル・ユーロ・円・ポンド・スイスフラン・カナダドル・豪ドル）の中でどの通貨が一番強いか、どの通貨が一番弱いかを見比べます。通貨ペアとしてお勧めは、一番強い通貨と一番弱い通貨の組み合わせです。その通貨ペアを

中心に通貨ペアとしてトレンドがあるものを見つけます。

　・主要国通貨のうち、弱い通貨を列挙しましょう

③今トレンドのある通貨ペアは何か？

　継続してステージ１にある通貨ペア、継続してステージ４にある通貨ペアに注目します。株式では一度トレンドが起こると３カ月くらい続くことが一番多く、通貨ペアでは１カ月程度のトレンドが多いようです。理由は、株式は３カ月ごとに四半期報告書が発表され、企業業績が変化することによると思われます。為替は中央銀行の金融政策の発表が、おおむね１カ月に１回あることによるといわれています。

　株価に一番影響があるのは米ドル／円の値動きです。円安になると上がりやすい、円高になると下がりやすいという傾向があります。有事の円買いなどがあり円高が顕著になったとき、有事というだけで株が下がりやすいところに加えて、円高でさらに下がりやすくなるという傾向があるので要注意です。

　近年、米ドルと円は世界の通貨の中で同時に買われる、同時に売られるという現象がよく起こります。米ドルと円が同時に買われるとき、米ドル／円のチャートでは動きは少ないのですが、実は円高だということを見抜かなければいけません。見抜く方法は、他のクロス円通貨ペアを見ることです。

　・通貨ペアとしてトレンドのあるものを列挙しましょう

③ コモディティ市場を見る

　株・為替を見た後は、コモディティの価格を見ましょう。コモディティ価格の変動が前触れとなって株が上がったり下がったりします。為替も同様です。コモディティ高はインフレの象徴であり、要注意です。

①金価格の変遷を見る

　金価格の上昇は、インフレ・有事・金融緩和などが原因となりやすいです。中でも「有事の金買い」ということが有名です。何か世の中に不安が広がれば、金価格はスルスルと上昇していきます。

　とすると、金が上がっているときに株は要注意ということがわかります。ときに金と株が同時に上昇することがありますが、これは世界的に金融緩和が起こり金余り状態になったときに起こります。株が暴落したとき、引きずられて金も一時的に下がります。株で損をした投資家が手持ちの金も売却することによるためです。しかし、その暴落の背景となる不景気状態が続けば、やがて金に投資資金が流れ込みます。

　金は米ドルと逆相関が基本ということも覚えておきましょう。金はコモディティの代表選手、米ドルは通貨の代表選手です。通貨が信認されているときは通貨に投資資金が流れ、通貨が不安になれば金に投資資金が流れ込むということです。

・金の動きを「強い上昇・やや上昇・もみあい・やや下落・
大きく下落」に分けて記入しましょう

②原油価格の変遷を見る

　原油もコモディティの一銘柄ですから、コモディティが買わ
れるときに買われ、コモディティが売られるときに売られると
いう性質がありますが、原油は景気に一番影響される銘柄であ
るということも覚えておきましょう。景気が良くなれば工場も
拡張され、重油等を使います。ものが動き出すと輸送にガソリ
ンが必要となります。よって原油は世の中の景気が良くなると
上昇し、悪くなると下降するという性質があります。

　金と原油はどちらもコモディティの代表選手ですので、イン
フレ状態のとき一緒に買われ、デフレ状態のときに一緒に売ら
れるということがあります。しかし、基本は景気に連動してい
るのが原油、逆の動きをしやすいのが金という特徴があります。
ということは、金と原油の動きを見ているだけで世界経済の状
態を読み解くことが出来ます。

・原油の動きを「強い上昇・やや上昇・もみあい・やや下
落・大きく下落」に分けて記入しましょう

③その他コモディティの価格を見る

　コモディティはインフレ・デフレの到来を一番象徴的に教え

てくれます。目先の動きでなく、大きなトレンドを把握してお
きましょう。

　　・コモディティの動きを「強い上昇・やや上昇・もみあい・
　　　やや下落・大きく下落」に分けて記入しましょう

④ 債券市場を見る

　債券の金利動向は景気を反映しています。金利の上昇は景気の回復、金利の下落は景気の悪化を象徴しています。しかし、それはある程度までの金利上昇の話です。債券の金利が一定以上上がるということは、債券価格が暴落していることを示し、その国に大きなリスクがあることを教えてくれます。

①米国の金利の変遷を見る

　米国市場は世界経済の象徴です。米国経済がしっかりしているかどうかを確認しましょう。金利は FRB の経済政策などに影響されて動きます。一度上昇や下降の傾向が出ると数年続くことがあります。

　　・米国の 10 年債金利を見て「急上昇・上昇中・変わらず・
　　　下落中・急降下」と記入しましょう

②日本の金利の変遷を見る

　日本の金利の推移は日本経済の象徴です。バブル期までのインフレ時代、それ以降のデフレ時代と何十年単位で大きな流れが変化してきました。デフレもこれくらい続くと永久にデフレなのではないかと思われますが、やはりどこかで変化をしてい

くのです。その変化を読み取ることは投資成績を大きく左右します。

・日本の10年債金利を見て「急上昇・上昇中・変わらず・下落中・急降下」と記入しましょう

③金利が急上昇している国のチェック

　債券金利が急上昇している国は危険な国です。金利が上昇しているというとらえ方ではなく、債券価格が暴落しているととらえてください。つまり、債券を皆が手放しているということです。債券金利が急上昇している国の国債や通貨を買ってはいけません。

・金利が急上昇している国を列挙しましょう

⑤ インフレリスクはあるのか？

　ここからは株式投資における怖いリスクを検証していきましょう。そのリスクは、「インフレリスク」「地政学的リスク」「政治リスク」です。リスクを先読みできれば鬼に金棒です。

　まずは、インフレリスクです。インフレリスクを予兆しているのは、債券金利の上昇、金価格の上昇、そしてコモディティ全般の上昇です。

①債券金利

　安定的な経済成長の基本は金利2％です。そこまでは景気回復を喜んでいいのですが、そこを超えてくると景気に過熱感が出てきます。過熱した景気はインフレという副産物を生み、お金が増えても生活が豊かにならないという弊害が出てきます。

　・世界全体と日本単独の2本柱で「金利上昇・変わらず・下降」を記入しましょう。上昇は、2％までの上昇と、2％以上の上昇では区別しましょう

②金

　金が上がるということは通貨の価値が下がっていることだと認識してください。円高だ、円安だと騒いでもあくまで通貨間

の相対的評価です。通貨全体が価値を失っている中で円高といっても意味がありません。金価格が動いているのではなくて実は通貨の価値が動いているのだという認識が必要です。

　・「上昇・変わらず・下降」と記入しましょう

③コモディティ

　インフレになると金だけでなく、あらゆるコモディティが上昇してきます。デフレスパイラルという言葉がありますが、インフレのほうがスパイラルな動きが加速します。長期デフレの時代しか経験していない人たちにはインフレの怖さはわからないでしょうが、一度インフレに流れが傾くと一気に進行するのです。その日は遠くないかもしれません。

　・「上昇・変わらず・下降」と記入しましょう

　戦後数十年のインフレ期があり、バブル後数十年のデフレ期が続いています。やがてどこかでまた流れが変わります。その変わり目をとらえた人間が、21世紀の勝ち組になることでしょう。

地政学リスクはあるのか？

　地政学リスクとは戦争、テロ、そして天変地異などです。日本では第二次世界大戦後、戦争に巻き込まれたことがなく世界一平和な国となっています。しかし、世界を見れば今でも紛争は続き、過去50年戦争に巻き込まれていないという国を見つけることは簡単なことではないのです。

　平和ボケな日本では地政学リスクを感じにくくなっていますが、今の米中関係など第二次世界大戦前にそっくりだという学者もいます。現在は決して平和な時代ではなく一触即発の状態であるという認識は必要でしょう。

① VIX・日経 VI

　ボラティリティの指数です。市場参加者が危険を感じるとVIX や日経 VI がスルスルと上昇していきます。世の中で市場参加者が一番変化に敏感であり、アンテナが優秀なのです。そのアンテナが危険を感じると、VIX は急上昇を始めます。

・VIX が 20 以下なのか以上なのか、40 以下なのか 40 以上なのか、80 以下なのか 80 以上なのか記入しましょう。日経 VI も同様です

　20 以下なら平和、40 になると少し危険、80 を超えると大暴

落の危険性ありとなります。

②金

　国民が不安を感じると金を買い始めます。金の需要が一段と伸びている国は危険な国です。

　・金価格の「急上昇・上昇・変わらず・下降・暴落」を記録
　　しましょう

政治リスク・経済リスクは あるのか？

政治・経済リスクとは、革命や国としてのデフォルトなどです。その国の株価は暴落し、通貨も暴落します。1つの国の政治的・経済的崩壊は、近隣国を中心に他国にも多大な影響をもたらします。いち早く、その兆候を見つける必要があります。

①下落する株価

平均株価が一気に20％以上下落するときは、その国で何かが起こっているときです。その国が大国であればすべての国に、小国であれば近隣国に影響を及ぼします。

　・株価が暴落している国を見つけたら記録しておきましょう

②下落する通貨

日本はアベノミクス以来円安を望んでいますが、通貨が一気に10％以上下落するときはその国で何かが起きています。有事の通貨米ドル・円・スイスフランが買われるので要注意です。

　・通貨が暴落している国を見つけたら記録しておきましょう

政治・経済リスクは、株価暴落と為替暴落が同時に起きます。

⑧ チャートによるリスク要因分析

　以上３つのリスク（地政学・インフレ・政治）を分析したら、それをまとめましょう。

・地政学リスクがどこで、どれくらいあるのか？
・インフレリスクが世界中で、日本で、どれくらいあるのか？
・政治・経済リスクがどこで、どれくらいあるのか？

　リスクを素早く認識することは投資において大きな損失を避ける重要な要素ですが、実は相場の達人はこのリスク下に大儲けをするのです。リスクが高まれば高まるほど投資チャンスと認識しましょう。ただし、投資スキルが一定以上の方に限ります。

⑨ あらゆる投資商品の中で 今トレンドのあるものは？

　株しかしない、FX しかしないという投資家は大変損をして います。時期に応じて儲けやすい投資商品は変化するのです。そ の時期に一番有利な投資商品を選択することこそ、成功する投 資家に必須な知識です。

　・上昇している投資商品は？
　・下降している投資商品は？

　これを常に記録に残しておきましょう。いずれもチャンス です。
　そして、

　・今、連動しているものは？

　ということにもアンテナを張り巡らせましょう。すべての投 資商品は連動しています。大きな世の中の変化のときには株も 為替もコモディティも、ありとあらゆるものが動き始めます。そ の動きにいち早く気づき、その動きに乗ることが大切です。

⑩ 変化してきたものは何か？

すべてのトレンドはやがて終わります。前のトレンドが大きければ大きいほど、終わった後の反動も大きいというのが摂理です。

・トレンド終了の予兆
・トレンド発生の予兆

これを記入していきましょう。ヒントは大きなトレンドの後は反動も大きい、そして長いもみあい相場の後には大きなトレンドが出るということです。

変化をつかみ取った者が大きな成功をつかみ取ります。

総合分析シート（次ページ参照）をできれば毎日、少なくとも週1回はつけてください。気がつけば変化に敏感になります。投資とは相場の変化を利益に変えるものだと理解をすれば、この総合分析シートがいかに役立つか理解できるはずです。

チャートメンタルズ分析、初めて聞く言葉だった方も多いでしょうが、実はこれを究めることが、投資で成功する王道だったと気づくはずです。

総合分析シート

これまでを参考に総合分析シートを作ってみましょう。

世界の株式市場を見る

上昇している国(市場)は?

下落している国(市場)は?

世界の連動性は?

世界の為替を見る

今強い通貨は何か?

今弱い通貨は何か?

今トレンドのある通貨ペアは何か?

コモディティ市場を見る

金価格の変遷を見る

原油価格の変遷を見る

その他のコモディティの価格を見る

債券市場を見る

米国の金利の変遷を見る

日本の金利の変遷を見る

金利が急上昇している国のチェック

インフレリスクはあるのか？

債券金利

金

コモディティ

地政学リスクはあるのか？

VIX、日経VI

金

政治リスク・経済リスクはあるのか？

下落する株価

下落する通貨

チャートによるリスク要因分析

地政学上のリスク

インフレリスク

政治・経済リスク

あらゆる投資商品の中で今トレンドのあるものは？

上昇

下落

今連動しているものは？

変化してきたものは何か？

トレンド終了の予兆

トレンド発生の予兆

Chapter **12**
「TradingView」の使い方

① チャート革命 「TradingView」の使い方

　今、私が使っている TradingView というチャートツールは、チャートの世界に革命を起こしたと私は思っています。なぜなら、それまでは株式や為替、コモディティ、債券（金利）のチャートを一緒に見るためには高額な金額を支払うか、いくつものチャートソフトを別々に見ながら参照するという方法しかありませんでした。それが、1つのチャートツールですべてを網羅し、しかも、（若干の制限はありますが）無料でも見ることが出来るというのは、まさに画期的なことで革命であると思っています。ですから、皆さんも是非このツールを利用していくべきだと思いますので、ここでは TradingView の使い方をお伝えします。

　TradingView は米国のベンチャー企業 TradingView 社が提供している投資家のためのコミュニティサイト（SNS）型チャートソフトです。最新の高度なクラウド技術とブラウザ言語によって、世界中どこからでもアクセスができます。世界中のトレーダーたちとトレードアイデアを共有することができます。リアルタイムで値動きするチャートと、投稿されるアイデア・分析を見ることで、新たな視点、新たな発見をすることもできるのです。

【STEP ①】

　まず、インターネットで「TradingView」と検索します。そ

図10-1　Trading Viewのトップ画面

図10-2　Trading Viewのログイン画面

して、ユーザー名を決めてメールアドレスとパスワードを入力しましょう。そうすると、TradingView にアクセスできるようになります（図 10-1・図 10-2）。

【STEP ②】

　次にチャートを表示してみましょう。世界の株価指数や日本の個別株、為替やコモディティ、債券（金利）のチャートをそれぞれ表示してみましょう。コードは巻末付録に掲載しています。慣れるまでは戸惑うこともあるかもしれませんが、一度使い方を覚えれば便利な機能が満載ですので、機能の素晴らしさに感動すら覚えるかもしれません。

【STEP ③】

　TradingView はインジケーター（テクニカル分析を行うためにチャート上に表示する指標のこと。代表的なものに、移動平均線や MACD、一目均衡表などがあります）も豊富で様々なものを表示できます。他の人が開発したインジケーターを使うこともできますので、使いこなせるようになりましょう。もし、私が開発した移動平均線大循環分析のインジケーターを利用するのであれば、下記 QR コードからお申し込みください。QR コードが読み込めなくても、次のページの手順で申し込めます。

〈小次郎講師のオフィシャル・インジケーター〉

② TradingViewで 移動平均線大循環分析を出す

前項でTradingViewの使い方を説明しました。ここでは、TradingViewで移動平均線大循環分析を表示する方法をお伝えします。

【STEP ①】

TradingViewを使いこなすために、まずは移動平均線大循環分析をチャートに表示できるようになりましょう。そのためには、手塚宏二オフィシャルウェブサイトでTradingView専用インジケーターを受け取るところから始めてください。

まず、私のホームページ（https://kojirokousi.com）にアクセスします。「小次郎講師」と検索すればすぐに出てきますのでご安心ください（図10-3）。そして、「専用インジケーターを希望の方はこちら」をクリックしてください。そのまま表示に従って、「お名前」「メールアドレス」「TradingViewのユーザー名」をご入力ください（図10-4）。それを送信していただければ、数日後にはインジケーターを入手することができます。

【STEP ②】

インジケーターを入手したら、TradingViewに表示しましょう（図10-5）。この方法も非常に簡単です。初めにTradingViewでチャートを表示します。チャートの左上には順番に銘柄、足の種類、チャートの形状、比較、インジケーター＆ストラテジー、株式のファンダメンタルズ分析と続きます。その「インジケー

図10-3　小次郎講師のHPトップ画面及びQRコード

図10-4　インジケーター入手画面

ター＆ストラテジー」をクリックします。すると新しい画面が出てきます。左側に「お気に入り」「招待専用スクリプト」「内蔵」「公開ライブラリ」……と続きます。その内の「招待専用スクリプト」をクリックすると、「Kojirokousi Daijyunkan EMA」と表示されています。「Kojirokousi Daijyunkan EMA」をクリックすると、TradingView のチャート上に移動平均線大循環分析が表示されます。

このインジケーターは何度かバージョンアップしているので、見た目でわかりやすく、ステージも表示されていますので、一度使うと手放せなくなります。ここまでの一連の流れは非常に簡単ですので、ぜひ、専用インジケーターを入手してチャート分析のレベルをアップしてください。

図10-5　TradingViewでインジケーターを表示する方法

①「インジケーター＆ストラテジー」をクリック
②「招待専用スクリプト」を選択
③「Kojirokoushi Daijyunkan EMA」をクリック
④×を押してチャート画面に戻る

③ TradingViewの チャート画面

TradingViewのチャート画面について説明します。チャート画面には大きく3つのエリアがあります（図10-6・図10-7）。

①メインエリア

チャートが表示されているエリアです。上部のツールバーから銘柄や足の種類、チャートの形状などを変えることができます。左側に縦に並んでいるツールバーは、チャート上にラインを引いたり日柄を計算するなど、描画や計測に使うツールが並んでいます。有料プランでは最大8個まで、メインエリアにチャートを表示することができます。

②ボトムエリア

ここでは、株式・FX・仮想通貨の各市場の銘柄をスクリーニングしたり、TradingViewのプログラムを作成・管理することができます。上級編となりますので、細かい説明は省略します。

③サイドエリア

このエリアには右端に縦に並んだツールバーから機能を選択して表示させることができます。ここの詳しい使い方は、後ほど解説します。

②ボトムエリアと③サイドエリアは、①メインエリアとの境界線にカーソルを合わせて表示範囲を変えたり、各アイコンや機能名をクリックして表示・非表示の変更ができます。

図10-6 TradingView画面の内訳

①メインエリア　　　　　　　　　　　　　　　　　　　③サイドエリア

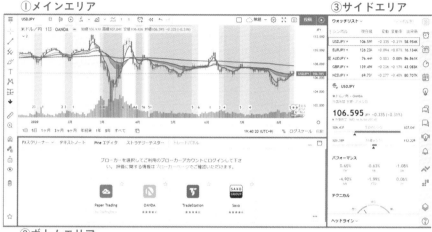

②ボトムエリア

図10-7 ②ボトムエリア、③サイドエリアの表示／非表示

アイコンをクリックするとサイドエリアが開く、再度クリックすると閉じる

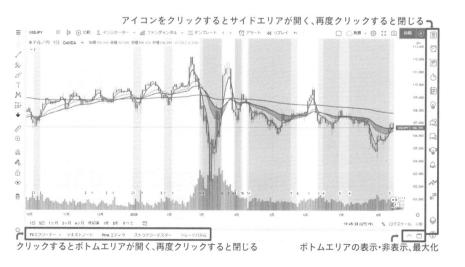

クリックするとボトムエリアが開く、再度クリックすると閉じる　　　　ボトムエリアの表示・非表示、最大化

④メインエリアの使い方

ここでは、基本的なチャートの設定について解説します。

①銘柄設定

チャート上部にある銘柄検索欄に半角英数で銘柄を入力します。コードを覚えている場合は直接入力してもかまいません。頭文字を入力すると、該当する銘柄の一覧が表示されます。銘柄コードがわからない場合は、銘柄検索欄を空白にすると銘柄コードの一覧が表示されるので、その中から探すことができます。「株式」「FX」「CFD」「仮想通貨」「指数」「経済指標」で絞り込むことができ、さらに取引所によっても絞り込むことができます(図10-8)。主要な銘柄コードは巻末に掲載してありますので、まずはこれを見ながら銘柄を変えて使ってみましょう。サイドエリアに銘柄の「ウォッチリスト」を作ることができるので、これについては後ほど解説します。

②時間軸の設定

よく使われる日足や4時間足の他にも、様々な足が用意されています。

③チャートの種類の設定

TradingView では、一般的なローソク足やバーチャートの他にも様々なチャートの種類が用意されています。普段見ている銘柄も、チャートの種類を変えると違ったヒントが見えてくることがあるので、ぜひ試してみてください。

図 10-8 銘柄・時間軸・チャートの種類の設定

図 10-9 ローソク足の色の変更方法

④ローソク足の色を変える

初期設定では海外のユーザーに合わせて、陰線が赤、陽線が緑に設定されています。日本では陽線が白または赤、陰線が黒または青のチャートを見慣れている方が多いと思いますので、自分の使いやすいように設定を変える方法をお伝えします。

設定画面への行き方は2通りあります。チャート右上の歯車マークをクリックし、「チャート設定」の中から「シンボル」をクリックする方法。もしくは、どこかのローソク足をクリックし、さらに右クリックするとメニューが表示されるので、一番下の「設定」をクリックする方法です。自分が見やすい色に設定することができます（図10-9）。

⑤テンプレートの保存

作成したチャートテンプレートは名前をつけて保存することができます。よく使うテンプレートは★マークをクリックしておくことで、チャート画面にアイコンが表示されるようになります（図10-10）。

図10-10 テンプレートの保存

テンプレートの保存

NI225　4時間　𝄖𝄖　⊕ 比較　ƒₓ インジケーター ∨　𝄜 ファンダメンタル ∨　⛰ テンプレート　E　S　☷ アラート
↳お気に入りテンプレート

⑤ サイドエリアの使い方

　ここでは、チャート画面の右側にあるサイドエリアの使い方について解説します。

①ウォッチリストの登録
　よく使う銘柄コードを一覧で登録しておくことができます。サイドエリアの一番上のアイコンをクリックして、ウォッチリストを表示させます。右上のシンボル入力欄に銘柄コードや通貨ペアを入力すると、一覧に追加されます。「ウォッチリスト」の右側をクリックして「名前を変更」することで、名前をつけて保存することができます（図10-11）。
　リストはいくつでも作成できるので、指数、株式、為替などのジャンルごとによく見る銘柄をリストアップしておくことをお勧めします。色をつけて管理することもできます。また、作成したリストをCSV形式で出力したり、逆にCSV形式の銘柄コード一覧を取り込んで表示することもできます。

②板の確認
　このサイドエリアで個別株の板（価格ごとの買い注文と売り注文の一覧表）を見ることもできます。

③その他の機能
　サイドエリアには、その他にもアラート機能や経済指標カレンダー、チャットで意見交換をしたり他の人の投稿アイデアを見るなど、様々な機能があるので使いこなしてください。

図10-11　ウォッチリストの登録

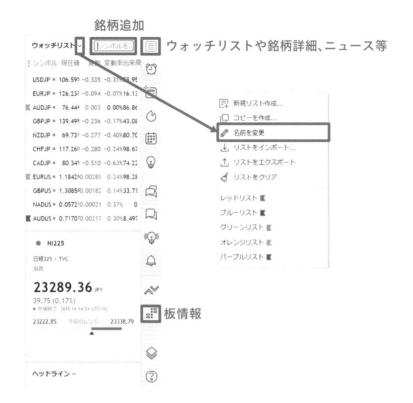

⑥ チャートへの描画と保存

　初期設定が終わったら、早速チャートに線を引いたり、メモを書いたりしてみましょう。

①チャートに線を引く
　描画ツールは画面の左端にあります。「トレンドライン」のアイコンをクリックし、ラインを引きたい場所の始めと終わりの場所をクリックすればラインを引くことができます（図10-12）。トレンドラインが選択されている状態のときはメニューバーが表示されていますので、ラインの色や太さはここで変えられます。
　ラインの種類は豊富にあります。直近の高値と安値に「水平線」を引いて価格変動の目印にしたり、「平行チャネル」で波動の強さを見ることもできます。まずは、気になる箇所に次から次へとラインを引いて、そのラインが支持線・抵抗線として機能しているかを確認してみましょう。

②その他の描画ツール
　TradingView にはたくさんの描画ツールがあります（図10-13）。フィボナッチ系の描画ツールの中で一番よく使われるのは「フィボナッチ・リトレースメント」でしょう。
　その1つ下の描画ツールでは、チャート上にテキストを入力することができるので、ファンダメンタルズ的なニュースをメモしたり、自分の売買履歴やメモを残すことができます。また、

図10-12　チャートに線を引く

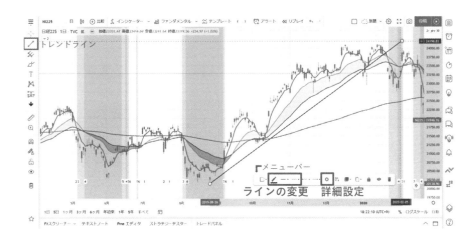

　そのさらに下のアイコンには、ハーモニックパターンやエリオット波動系の描画ツールが充実しています。最初はどれを使ったらいいか迷うかもしれませんが、まずはここまでに紹介したツールを使ってみて、自分に合った分析方法を模索してみましょう。

③チャートレイアウトの保存

　先ほどチャート上に描画したものをすべて保存することができます。チャートの上部右側にある雲のマークをクリックし、雲の中に✓マークがつけば、保存された証拠です。常に自動保存するように設定しておくこともできます。

　また、雲のマークの隣にチャートレイアウトの名前が表示されています。初期設定では「無題」となっていますので、その

図10-13　TradingViewにある描画ツール

フィボナッチ・リトレースメント

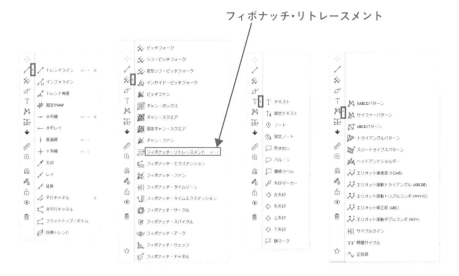

図10-14　チャートレイアウトの保存

レイアウトの保存

レイアウトの名前の変更

隣の▽をクリックし、「名前を変更」に進むことで、自分のわかりやすい名前をつけることができます（図10-14）。保存したチャートレイアウトは、「チャートレイアウトの読み込み」から呼び出すことができます。毎日チェックするチャートを登録しておきましょう。有料プランの方は、雲マークの左隣をクリックすることで、チャート画面上に複数のチャートを表示させることができます。主要国の株価指数や、為替の銘柄ごとにまとめて表示できるので便利です。

おわりに

　2020 年 1 月突然、中国の武漢で新型コロナウイルス、COV-ID-19 が猛威を振るい始めました。対岸の火事のように思えたその新型コロナウイルスは 2 月には世界中に広がりを見せました。相場の世界では一寸先は闇とよく言いますが、この年ほど、そのことを痛感させられた年はありません。まさか、2020 年が 1 つの細菌に振り回される 1 年になるなんて、2019 年末には誰一人として想像もしなかったのです。

　2020 年 2 月 20 日、ついに世界中で株価が暴落を始めました。当たり前です。世界各地でロックダウンが始まり、経済活動はストップし、空前絶後の経済危機に突入したのですから。その株が 3 月 20 日から 23 日にかけてなぜか世界中で底打ちし、上昇を始めました。しかし、その上昇が続くなんて誰も予想しませんでした。なぜなら新型コロナウイルスの被害は収まるどころか、増々ひどい状態になっていっていたのですから。あらゆる評論家が暴落の後の一時的戻しと解説し、やがて来る長期下落トレンドを予想していました。

　ところが、株価はなんとそこから 5 カ月以上上げ続けたのです。一部の市場では史上最高値更新などという驚異的なまでの上げを演じました。チャートだけ見れば新型コロナウイルスは解決済み、世界景気は好調を持続という様相でした。相場の世界ではこのような不可思議なことがよく起こります。

　あらためて 2020 年をチャート分析で見れば、結果として非常に動きのわかりやすい、利益の取りやすい 1 年でした。2 月に

株の暴落が起こり、3月に底打ちし、そこから半年間の上昇。ぜひ、チャートを出していただいて私の手法「移動平均線大循環分析」で 2020 年のいろいろな銘柄をチェックしてください。大きな利益が上がった 1 年だということが理解できるはずです。しかし、大半の投資家は 2020 年の 3 月底で買いを作ることはできませんでした。新型コロナの被害が広がっているのですから。連日、テレビで被害拡大の映像が流され、それに影響を受けた飲食店や旅行業社の悲痛な声を聴いていると、株が上がるなどという事実は信じられません。

　ところがそのとき、チャートメンタルズ分析をしていた人は 3 月の底入れ後、早々に買いを仕込むことが出来ました。なぜでしょう？　3 月を底に、日本だけでなく、世界の株がそこで変化しました。また株だけでなく、為替、コモディティ、ありとあらゆるものがそこで変化を始めたのです。ということは、3 月が大転換点であるということが読み解けたわけです。そして、移動平均線大循環分析の買いサインで買い、手仕舞いサインが出るまで持ち続けたら、結果として大きな利益を手にすることができたわけです。

　この書籍は構想から完成までに時間がかかりました。私自身が多忙を極め、執筆の時間が取れませんでした。その中でこうやって出版できるようになったのはたくさんの方の協力のおかげです。特に私の事務所の神藤将男氏の協力がなければ完成はなかったでしょう。この場を借りてお礼します。

小次郎講師こと手塚宏二

～巻末付録～
銘柄一覧

日本の主な個別株

日本の個別株は 4 桁の株価コードで表示することが出来る

シンボル	日本語名
7203	トヨタ自動車
4502	武田薬品工業
6501	日立製作所
7751	キヤノン
8031	三井物産
9022	東海旅客鉄道

米国などの主な個別株

シンボル	英語名	日本語名
AAPL	Apple Inc.	アップル
AMGN	Amgen Inc.	アムジェン
AXP	American Express Co.	アメリカンエキスプレス
BA	Boeing Co.	ボーイング
CAT	Caterpillar Inc.	キャタピラー
CRM	Salesforce.com, Inc.	セールスフォース・ドットコム
CSCO	Cisco Systems, Inc.	シスコシステム
CVX	hevron Corp.	シェブロン
DIS	The Walt Disney Co.	ザ・ウォルトディズニー・カンパニー
DOW	Dow, Inc.	ダウ
GS	Goldman Sachs	ゴールドマンサックス
HD	The Home Depot Inc.	ホームデポ
HON	Honeywell International Inc.	ハネウェルインターナショナル
IBM	International Business Machines Corp.	IBM
INTC	Intel Corp.	インテル
JNJ	Johnson & Johnson Inc.	ジョンソン・エンド・ジョンソン
JPM	JPMorgan Chase and Co.	JP モルガン・チェース・アンド・カンパニー
KO	The Coca-Cola Co.	コカ・コーラ

MCD	McDonald's Corp.	マクドナルド
MMM	3M Company	3M
MRK	Merck & Co.	メルク
MSFT	Microsoft Corp.	マイクロソフト
NKE	Nike, Inc.	ナイキ
PG	Procter & Gamble Co.	プロダクター・アンド・ギャブル
TRV	The Travelers Companies,Inc.	トラベラーズ
UNH	UnitedHealth Group Inc.	ユナイテッドヘルスグループ
V	Visa	ビザ
VZ	Verizon Communications Inc.	ベライゾン・コミュニケーション
WBA	Walgreens Boots Alliance, Inc.	ウオルグリーン・ブーツ・アライアンス
WMT	Wal-Mart Stores Inc.	ウォルマート
GOOG	Alphabet(Google)	グーグル
FB	Facebook	フェイスブック
AMZN	Amazon	アマゾン
BABA	Alibaba Group Holdings	アリババ
TSLA	Tesla	テスラモーターズ
NFLX	Netflix	ネットフリックス
ZM	Zoom Video Communications	ZOOM
DBK	Deutsche Bank	ドイツ銀行

世界の主要指数

シンボル	英語名	日本語名
399001	SHENZHEN COMPONENT	深セン総合指数（中国）
AEX	AEX-INDEX	AEX 指数（オランダ）
BEL20	BEL20	BEL20 指数（ベルギー）
BELEX15	BELEX15	ベオグラード証券取引所 15 指数(セルビア)
BSEX	BAHRAIN ALL SHARE INDEX	バーレーン全株指数
COMPOSITE	COMPOSITE INDEX	ジャカルタ総合指数
DAX	DAX	ドイツ株価指数
DFMGI	DFMGI INDEX	ドバイ金融市場総合指数
DJI	DOW JONES INDUSTRIAL AVERAGE	ダウ平均株価指数
EGX30	EGX 30 PRICE RETURN INDEX	エジプト EGX30 プライスリターン指数
FBMKLCI	FTSE BURSA MALAYSIA KLCI INDEX	クアラルンプール総合指数（マレーシア）
FTMIB	MILANO ITALIA BORSA INDEX	FTSE MIB 指数（イタリア）
GNRI	QE INDEX	カタール QE 指数
HIS	HANG SENG	ハンセン指数（香港）
IBC	IBEX 35.	IBEX 35 指数（スペイン）
IBOV	IBOVESPA	ボベスパ指数（ブラジル）
IMOEX	MOEX RUSSIA INDEX	MOEX ロシア指数
IMV	S&P/BYMA ARGENTINA GENERAL PANEL MERVAL EQUITIES	メイバル指数（アルゼンチン）
IXIC	NASDAQ COMPOSITE	ナスダック総合指数
KOSPI	KOSPI COMPOSITE INDEX	韓国総合株価指数インデックス
ME	IPC MEXICO	メキシコボルサ指数
NI225	NIKKEI 225	日経平均株価（日経 225）
NIFTY	NIFTY 50	インド Nifty50 指数
NSE30	NSE30 INDEX	ナイジェリア NSE30 指数
NZ50G	S&P/NZX 50 INDEX GROSS (GROSS INDEX)	S&P/NZX 50 グロス指数
OMXC25	OMX COPENHAGEN 25 INDEX	OMX コペンハーゲン 25 指数
OMXH25	OMX HELSINKI 25	OMX ヘルシンキ 25 指数
OMXI10	OMX ICELAND 10	OMX ICELAND 10
OMXRGI	OMX RIGA GI	OMX リガ グロス指数
OMXS30	OMX STOCKHOLM 30 INDEX	OMX ストックホルム 30 指数

OMXTGI	OMX TALLINN GI	OMX タリン グロス指数
OMXVGI	OMX VILNIUS GI	OMX ビリニュス グロス指数
PX1	CAC40	CAC 40 指数（フランス）
SA40	SOUTH AFRICA TOP 40 INDEX	南アフリカトップ 40 指数
SENSEX	S&P BSE SENSEX	S&P BSE SENSEX 指数
SG30SGD	SINGAPORE 30	シンガポール 30
SHCOMP	SHANGHAI COMPOSITE	上海総合指数
SMI	SWISS MARKET INDEX SMI® PRICE	スイス株価指数
SPBLPGPT	S&P/BVL PERU GENERAL INDEX TR(PEN)	S&P/BVL ペルー総合株価指数（PEN）
SPX	S&P500	S&P500 指数
SP_IPSA	S&P IPSA	S&P IPSA
STI	STI INDEX	シンガポール ST 指数
SX5E	STOXX 50	ユーロ・ストックス 50 指数
TA35	TA-35	テルアビブ 35 指数
TAIEX	TSEC WEIGHTED INDEX	台湾加権指数
TASI	TADAWUL ALL SHARES INDEX	サウジアラビア タダウル全株指数
TSX		S&P トロント総合指数
UKX	UK 100 INDEX	シンボル
VIX		恐怖指数（VIX）
WIG20		ワルシャワ WIG20 指数
XJO		S&P/ASX200 指数
XU100		イスタンブール 100 種指数
WIG20		ワルシャワ WIG20 指数

米国の指数

シンボル	英語名	日本語名
DJA	Dow Jones Composite Average	ダウ・ジョーンズ総合平均株価（ダウ総合 65 種平均）
DJCIAGC	Dow Jones Commodity Index Agriculture Capped Component	ダウ・ジョーンズ農作物キャップド コンポーネント指数
DJCICC	Dow Jones Commodity Index Cocoa	ダウ・ジョーンズ商品指数 ココア
DJCIEN	Dow Jones Commodity Index Energy	ダウ・ジョーンズ商品指数 エネルギー

DJCIGC	Dow Jones Commodity Index Gold	ダウ・ジョーンズ商品指数 金
DJCIGR	Dow Jones Commodity Index Grains	ダウ・ジョーンズ商品指数 穀物
DJCIIK	Dow Jones Commodity Index Nickel	ダウ・ジョーンズ商品指数 ニッケル
DJCIKC	Dow Jones Commodity Index Coffee	ダウ・ジョーンズ商品指数 コーヒー
DJCISB	Dow Jones Commodity Index Sugar	ダウ・ジョーンズ商品指数 砂糖
DJCISI	Dow Jones Commodity Index Silver	ダウ・ジョーンズ商品指数 銀
DJT	Dow Jones Transportation Average	ダウ輸送株平均
DJU	Dow Jones Utility Average	ダウ公共株 15 種平均
DJUSCL	Dow Jones U.s. Coal Index	ダウ・ジョーンズ米石炭指数
HGX	Phlx Hsg Sector Index	フィラデルフィア住宅セクター指数
MID	S&P 400	S&P400 指数
NDX	Nasdaq 100 Total Return Index Xn	ナスダック 100 指数
NYA	Nyse Composite Index New	ニューヨーク証券取引所総合株価指数
OEX	S&P 100	S&P 100 指数
OSX	Phlx Euro Style Oil Svc Inde	フィラデルフィア石油サービスセクター指数
RUI	Cboe Russell 1000 Index	ラッセル 1000 指数
RUT	RUSSELL 2000	ラッセル 2000 指数
SOX	Phlx Semiconductor Index	フィラデルフィア半導体株指数
SPGSCI	S&P Gsci Index	S&P GS 商品指数
SVX	S&P 500 Value	S&P 500 バリュー指数
UTY	Phlx Utility Index	フィラデルフィア公共事業セクター指数
XAU	Phlx Gold Silver Index	フィラデルフィア金銀鉱業セクター指数
XAX	Amex Composite Index-Xax	アメリカン証券取引所総合指数
XMI	Nyse Arca Major Market	NYSE アーカ メジャーマーケット指数

S＆Ｐセクター別

シンボル	英語名	日本語名
SPF	S&P 500 Financials (Sector)	S&P 500 財務セクター
SPN	S&P 500 Energy (Sector)	S&P 500 エネルギーセクター
S5COND	S&P 500 Consumer Discretionary (Sector)	S&P 500 消費者裁量セクター
S5CONS	S&P 500 Consumer Staples (Sector)	S&P 500 生活必需品セクター

S5HLTH	S&P 500 Health Care (Sector)	S&P 500 ヘルスケアセクター
S5INDU	S&P 500 Industrials (Sector)	S&P 500 産業セクター
S5INFT	S&P 500 Information Technology (Sector)	S&P 500 情報技術セクター
S5MATR	S&P 500 Materials (Sector)	S&P 500 材料セクター
S5REAS	S&P 500 Real Estate (Sector)	S&P 500 不動産セクター
S5TELS	S&P 500 Telecommunication Services (Sector)	S&P 500 電気通信サービスセクター
S5UTIL	S&P 500 Utilities (Sector)	S&P 500 ユーティリティセクター

通貨インデックス

シンボル	英語名	日本語名
AXY	Australian Dollar Currency Index	豪ドル指数
BXY	British Pound Currency Index	ポンド指数
CXY	Canadian Dollar Currency Index	加ドル指数
DXY	Us Dollar Currency Index	米ドル指数（米ドルインデックス）
EXY	Euro Currency Index	ユーロ指数
JXY	Japan Yen Currency Index	円指数
SXY	Swiss Franc Currency Index	フラン指数
ZXY	New Zealand Dollar Currency Index	NZ ドル指数

主要経済圏の通貨ペア

シンボル	英語名	日本語名
AUDUSD	Australian Dollar / U.S. Dollar	豪ドル / 米ドル
EURUSD	Euro / U.S. Dollar	ユーロ / 米ドル
GBPUSD	British Pound / U.S. Dollar	イギリスポンド / 米ドル
NZDUSD	New Zealand Dollar / U.S. Dollar	NZ ドル / 米ドル
USDCAD	U.S. Dollar / Canadian Dollar	米ドル / カナダドル
USDCHF	U.S. Dollar / Swiss Franc	米ドル / スイスフラン
USDJPY	U.S. Dollar / Japanese Yen	米ドル / 日本円

米ドルを含まない通貨ペア

シンボル	英語名	日本語名
AUDCAD	Australian Dollar / Canadian Dollar	豪ドル / カナダドル
AUDCHF	Australian Dollar / Swiss Franc	豪ドル / スイスフラン
AUDJPY	Australian Dollar / Japanese Yen	豪ドル / 日本円
AUDNZD	Australian Dollar / New Zealand Dollar	豪ドル / NZ ドル
CADCHF	Canadian Dollar / Swiss Franc	カナダドル / スイスフラン
CADJPY	Canadian Dollar / Japanese Yen	カナダドル / 日本円
CADNZD	Canadian Dollar / New Zealand Dollar	カナダドル / NZ ドル
CHFCAD	Swiss Franc / Canadian Dollar	スイスフラン / カナダドル
CHFJPY	Swiss Franc / Japanese Yen	スイスフラン / 日本円
EURAUD	Euro / Australian Dollar	ユーロ / 豪ドル
EURCAD	Euro / Canadian Dollar	ユーロ / カナダドル
EURCHF	Euro / Swiss Franc	ユーロ / スイスフラン
EURGBP	Euro / British Pound	ユーロ / イギリスポンド
EURJPY	Euro / Japanese Yen	ユーロ / 日本円
EURNZD	Euro / New Zealand Dollar	ユーロ / NZ ドル
GBPAUD	British Pound / Australian Dollar	イギリスポンド / 豪ドル
GBPCAD	British Pound / Canadian Dollar	イギリスポンド / カナダドル
GBPCHF	British Pound / Swiss Franc	イギリスポンド / スイスフラン
GBPJPY	British Pound / Japanese Yen	イギリスポンド / 日本円
GBPNZD	British Pound / New Zealand Dollar	イギリスポンド / NZ ドル
NZDAUD	New Zealand Dollar / Australian Dollar	NZ ドル / 豪ドル
NZDCAD	New Zealand Dollar / Canadian Dollar	NZ ドル / カナダドル
NZDCHF	New Zealand Dollar / Swiss Franc	NZ ドル / スイスフラン
NZDJPY	New Zealand Dollar / Japanese Yen	NZ ドル / 日本円

途上国の通貨ペア

シンボル	英語名	日本語名
USDARS	U.S. Dollar / Argentine Peso	米ドル / アルゼンチンペソ
USDBAM	U.S. Dollar / Bosnian Convertible Marka	米ドル / ボスニア兌換マルカ

USDBHD	U.S. Dollar / Bahraini Dinar	米ドル / バーレーンディナール
USDBIF	U.S. Dollar / Burundian Franc	米ドル / ブルンジフラン
USDBND	U.S. Dollar / Bruneian Dollar	米ドル / ブルネイドル
USDBRL	U.S. Dollar / Brazilian Real	米ドル / ブラジルレアル
USDCNY	U.S. Dollar / Chinese Yuan	米ドル / 中国人民元
USDCZK	U.S. Dollar / Czech Koruna	米ドル / チェココルナ
USDDKK	U.S. Dollar / Danish Krone	米ドル / デンマーククローネ
USDHKD	U.S. Dollar / Hong Kong Dollar	米ドル / 香港ドル
USDHRK	U.S. Dollar / Croatian Kuna	米ドル / クロアチアクーナ
USDHUF	U.S. Dollar / Hungarian Forint	米ドル / ハンガリーフォリント
USDINR	U.S. Dollar / Indian Rupee	米ドル / インドルピー
USDISK	U.S. Dollar / Icelandic Krona	米ドル / アイスランドクローナ
USDKRW	U.S. Dollar / South Korean Won	米ドル / 韓国ウォン
USDKWD	U.S. Dollar / Kuwaiti Dinar	米ドル / クウェートディナール
USDMXN	U.S. Dollar / Mexican Peso	米ドル / メキシコペソ
USDMYR	U.S. Dollar / Malaysian Ringgit	米ドル / マレーシアリンギット
USDNOK	U.S. Dollar / Norwegian Krone	米ドル / ノルウェークローネ
USDPLN	U.S. Dollar / Polish Zloty	米ドル / ポーランドズウォティ
USDRUB	U.S. Dollar / Russian Ruble	米ドル / ロシアルーブル
USDSAR	U.S. Dollar / Saudi Arabian Riyal	米ドル / サウジアラビアリアル
USDSEK	U.S. Dollar / Swedish Krona	米ドル / スウェーデンクローナ
USDSGD	U.S. Dollar / Singapore Dollar	米ドル / シンガポールドル
USDTHB	U.S. Dollar / Thai Baht	米ドル / タイバーツ
USDZAR	U.S. Dollar / South African Rand	米ドル / 南アフリカランド

農業先物相場

シンボル	英語名	日本語名
DC1!	Milk, Class Iii Futures	クラスⅢ牛乳先物
GF1!	Feeder Cattle Futures	肥育牛先物
HE1!	Lean Hogs Futures	赤身豚肉先物
KC1!	Coffee Futures	コーヒー先物

LE1!	Live Cattle Futures	生牛先物
LS1!	Lumber Futures	木材先物
XC1!	Corn Mini Futures	とうもろこしミニ先物
XK1!	Soybean Mini Futures	大豆ミニ先物
XW1!	Wheat Mini Futures	小麦ミニ先物
ZC1!	Corn Futures	とうもろこし先物
ZL1!	Soybean Oil Futures	大豆油先物
ZM1!	Soybean Meal Futures	大豆粕先物
ZO1!	Oat Futures	オート麦先物
ZR1!	Rice Futures	籾米先物
ZS1!	Soybean Futures	大豆先物
ZW1!	Wheat Futures	小麦先物

エネルギー先物相場

シンボル	英語名	日本語名
CL1!	Light Crude Oil Futures	軽油スイート原油（WTI）先物
NG1!	Natural Gas Futures	天然ガス先物
QG1!	E-Mini Natural Gas Futures	天然ガスミニ先物
QM1!	E-Mini Light Crude Oil Futures	原油ミニ先物
QU1!	E-Mini Gasoline Futures	ガソリンミニ先物
RB1!	Rbob Gasoline Futures	RBOB ガソリン先物
ZK1!	Denatured Fuel Ethanol Futures	変性燃料エタノール先物

通貨先物相場

シンボル	英語名	日本語名
6A1!	AUSTRALIAN DOLLAR FUTURES	豪ドル先物
6B1!	BRITISH POUND FUTURES	イギリスポンド先物
6C1!	CANADIAN DOLLAR FUTURES	カナダドル先物
6E1!	EURO FUTURES	ユーロ先物
6J1!	JAPANESE YEN FUTURES	円先物

6L1!	BRAZILIAN REAL FUTURES	ブラジルレアル先物
6M1!	MEXICAN PESO FUTURES	メキシコペソ先物
6N1!	NEW ZEALAND DOLLAR FUTURES	ニュージードル先物
6S1!	SWISS FRANC FUTURES	スイスフラン先物
6Z1!	SOUTH AFRICAN RAND FUTURES	南アフリカランド先物
BTC1!	BITCOIN FUTURES	ビットコイン先物
E71!	EURO E-MINI FUTURES	ユーロ先物ミニ
J71!	JAPANESE YEN E-MINIFUTURES	日本円先物ミニ
M6A1!	E-MICRO AUD/USD	豪ドル／米ドル マイクロ
M6B1!	E-MICRO GBP/USD	ポンド／ドル マイクロ
M6E1!	E-MICRO EUR/USD	ユーロ／米ドル マイクロ
MJY1!	E-MICRO JPY/USD	円／米ドル マイクロ
MSF1!	E-MICRO CHF/USD	スイスフラン／米ドル マイクロ
NOK1!	NORWEGIAN KRONE FUTURES	ノルウェークローネ先物
PLN1!	POLISH ZLOTY FUTURES	ポーランドズウォティ先物
SEK1!	SWEDISH KRONA FUTURES	スウェーデンクローナ先物
TRL1!	TURKISH LIRA/US DOLLAR FUTURES	トルコリラ／米ドル先物

金属先物相場

シンボル	英語名	日本語名
GC1!	Gold Futures	金先物
HG1!	Copper Futures	銅先物
MGC1!	Gold (E-Micro) Futures	金先物マイクロ
PA1!	Palladium Futures	パラジウム先物
PL1!	Platinum Futures	プラチナ先物
QC1!	E-Mini Copper Futures	ミニ銅先物
QI1!	Silver (Mini)Futures	ミニ銀先物
QO1!	Gold (Mini) Futures	ミニ金先物
SI1!	Silver Futures	銀先物

インデックス先物相場

シンボル	英語名	日本語名
EMD1!	S&P 400 MIDCAP E-MINI FUTURES	S&P 400 MIDCAP 先物ミニ
ES1!	S&P 500 E-MINI FUTURES	S&P500 ミニ先物
FTU1!	E-MINI FTSE 100 INDEX USD FUTURES	FTSE 100 インデックス先物ミニ
IBV1!	IBOVESPA INDEX FUTURES US$	ボベスパインデックス先物
NKD1!	NIKKEI 225 FUTURES	日経 225 先物
NQ1!	NASDAQ 100 E-MINI FUTURES	ナスダック 100 ミニ先物
RS11!	E-MINI RUSSELL 1000	ラッセル 1000 ミニ
SP1!	S&P 500 FUTURES	S&P500 先物
YM1!	E-MINI DOW JONES ($5) Futures	ダウ先物ミニ

金利先物相場

シンボル	英語名	日本語名
UB1!	ULTRA T-BOND FUTURES	ウルトラ T ボンド先物
WDC1!	CME HOUSING FUTURES - WASHINGTON DC	CME ハウジング先物 ワシントン DC
ZB1!	T-BOND FUTURES	米長期国債先物
ZF1!	5 YEAR T-NOTE FUTURES	米 5 年物中期国債先物
ZN1!	10 YEAR T-NOTE FUTURES	米 10 年物中期国債先物
ZQ1!	30-DAY FED FUNDS Interest RATE FUTURES	30 日 FF 金利先物
ZT1!	2 YEAR T-NOTE FUTURES	米 2 年物中期国債先物

米国の債券

シンボル	英語名	日本語名
TNX	Cboe 10 Yr Treasury Note Yield	CBOE 米 10 年国債利回り
TYX	Cboe 30 Yr Treasury Note Yield	CBOE 米 30 年国債利回り
US02	Us Government Bonds 2 Yr	米 2 年国債
US02Y	Us Government Bonds 2 Yr Yield	米 2 年国債利回り
US05	Us Government Bonds 5 Yr	米 5 年国債

US05Y	Us Government Bonds 5 Yr Yield	米 5 年国債利回り
US10	Us Government Bonds 10 Yr	米 10 年国債
US10Y	Us Government Bonds 10 Yr Yield	米 10 年国債利回り
US30	Us Government Bonds 30 Yr	米 30 年国債
US30Y	Us Government Bonds 30 Yr Yield	米 30 年国債利回り
USB02YUSD	Us 2Y T-Note	USトレジャリーノート2年物(米中期国債2年物)
USB05YUSD	Us 5Y T-Note	USトレジャリーノート5年物(米中期国債5年物)
USB10YUSD	Us 10Y T-Note	USトレジャリーノート10年物(米中期国債10年物)
USB30YUSD	Us T-Bond	USトレジャリーボンド30年物(米長期国債30年物)

欧州諸国の債券

シンボル	英語名	日本語名
BE10	Belgium Government Bonds 10 Yr	ベルギー国債 10 年
BE10Y	Belgium Government Bonds 10 Yr Yield	ベルギー国債 10 年利回り
DE10	German Government Bonds 10 Yr	ドイツ国債 10 年
DE10Y	German Government Bonds 10 Yr Yield	ドイツ国債 10 年利回り
ES10	Spain Government Bonds 10 Yr	スペイン国債 10 年
ES10Y	Spain Government Bonds 10 Yr Yield	スペイン国債 10 年利回り
EUBUND	Euro Bund	ユーロ債
FR10	France Government Bonds 10 Yr	フランス国債 10 年
FR10Y	France Government Bonds 10 Yr Yield	フランス国債 10 年利回り
GB10	Uk Government Bonds 10 Yr	英国債 10 年
GB10Y	Uk Government Bonds 10 Yr Yield	英国債 10 年利回り
IE10	Ireland Government Bonds 10 Yr	アイルランド国債 10 年
IE10Y	Ireland Government Bonds 10 Yr Yield	アイルランド国債 10 年利回り
IT10	Italy Government Bonds 10 Yr	イタリア国債 10 年
IT10Y	Italy Government Bonds 10 Yr Yield	イタリア国債 10 年利回り
NL10	Netherlands Government Bonds 10 Yr	オランダ国債 10 年
NL10Y	Netherlands Government Bonds 10 Yr Yield	オランダ国債 10 年利回り
NO10	Norway Government Bonds 10 Yr	ノルウェー国債 10 年
NO10Y	Norway Government Bonds 10 Yr Yield	ノルウェー国債 10 年利回り

| PT10 | Portugal Government Bonds 10 Yr | ポルトガル国債 10 年 |
| PT10Y | Portugal Government Bonds 10 Yr Yield | ポルトガル国債 10 年利回り |

アジア諸国の債券

シンボル	英語名	日本語名
CN10	China Government Bonds 10 Yr	中国国債 10 年
CN10Y	China Government Bonds 10 Yr Yield	中国国債 10 年利回り
HK10	Hong Kong Government Bonds 10 Yr	香港国債 10 年
HK10Y	Hong Kong Government Bonds 10 Yr Yield	香港国債 10 年利回り
ID10	Indonesia Government Bonds 10 Yr	インドネシア国債 10 年
ID10Y	Indonesia Government Bonds 10 Yr Yield	インドネシア国債 10 年利回り
IN10	India Government Bonds 10 Yr	インド国債 10 年
IN10Y	India Government Bonds 10 Yr Yield	インド国債 10 年利回り
JP02	Japan Government Bonds 2 Yr	日本国債 2 年
JP02Y	Japan Government Bonds 2 Yr Yield	日本国債 2 年利回り
JP10	Japan Government Bonds 10 Yr	日本国債 10 年
JP10Y	Japan Government Bonds 10 Yr Yield	日本国債 10 年利回り
KR10	Korea Government Bonds 10 Yr	韓国国債 10 年
KR10Y	Korea Government Bonds 10 Yr Yield	韓国国債 10 年利回り
MY10	Malaysia Government Bonds 10 Yr	マレーシア国債 10 年
MY10Y	Malaysia Government Bonds 10 Yr Yield	マレーシア国債 10 年利回り
SG10	Singapore Government Bonds 10 Yr	シンガポール国債 10 年
SG10Y	Singapore Government Bonds 10 Yr Yield	シンガポール国債 10 年利回り
TH10	Thailand Government Bonds 10 Yr	タイ国債 10 年
TH10Y	Thailand Government Bonds 10 Yr Yield	タイ国債 10 年利回り

太平洋・中東・アフリカ諸国の債券

シンボル	英語名	日本語名
AU10	Australia Government Bonds 10 Yr	オーストラリア国債 10 年
AU10Y	Australia Government Bonds 10 Yr Yield	オーストラリア国債 10 年利回り

NZ10	New Zealand Government Bonds 10 Yr	ニュージーランド国債 10 年
NZ10Y	New Zealand Government Bonds 10 Yr Yield	ニュージーランド国債 10 年利回り
TR10	Turkey Government Bonds 10 Yr	トルコ国債 10 年
TR10Y	Turkey Government Bonds 10 Yr Yield	トルコ国債 10 年利回り
ZA10	South Africa Government Bonds 10 Yr	南アフリカ国債 10 年
ZA10Y	South Africa Government Bonds 10 Yr Yield	南アフリカ国債 10 年利回り

農産物CFD価格

シンボル	英語名	日本語名
CORNUSD	Corn	とうもろこし CFD
SOYBNUSD	Soybeans	大豆 CFD
SUGARUSD	Sugar	砂糖 CFD
WHEATUSD	Wheat	小麦 CFD

エネルギー CFD価格

シンボル	英語名	日本語名
NATGASUSD	Natural Gas	天然ガス CFD
UKOIL	Crude Oil (Brent)	ブレント原油 CFD
USOIL	Crude Oil (Wti)	WTI 原油 CFD

貴金属および工業用金属CFD価格

シンボル	英語名	日本語名
GOLD	Gold (Us$/Oz)	金 CFD（米ドル／オンス）
PALLADIUM	Palladium (Us$/Oz)	パラジウム CFD（米ドル／オンス）
PLATINUM	Platinum (Us$/Oz)	プラチナ CFD（米ドル／オンス）
SILVER	Silver (Us$/Oz)	銀 CFD（米ドル／オンス）
XCUUSD	Copper	銅 CFD（米ドル／オンス）

インデックスCFD価格

シンボル	英語名	日本語名
AU200AUD	Australia 200	オーストラリア 200
DE30EUR	Germany 30	ドイツ 30
HK33HKD	Hong Kong 33	香港 33
IBEX35	Ibex 35	アイベックス 35
NL25EUR	Netherlands 25	オランダ 25
TRJEFFCRB	Thomson Reuters/Corecommodity Crb Index	トムソンロイター/コアコモディティ Crb インデックス
US30USD	Us Wall St 30	ウォール街 30

仮想通貨

シンボル	仮想通貨名	日本語名
BTC	Bitcoin	ビットコイン
ETH	Ethereum	イーサリアム
T	Tether	テザー
XRP	Ripple	リップル
BCH	Bitcoin Cash	ビットコインキャッシュ
BSV		ビットコイン SV
LTC	Litecoin	ライトコイン
BNB	Binance Coin	バイナンスコイン
EOS		イオス
ADA	Cardano	カルダノ

小次郎講師式 世界一わかりやすい投資の勝ち方 ～チャートメンタルズ分析 ～ 読者の皆さまに無料プレゼント

本書で紹介したChapter 4『世界の株価指数を見れば個別株までわかる「世界の株価分析」』について、実際にどのように分析すればいいのか、わかりやすく小次郎講師が解説している動画をプレゼントします。

是非、以下のＵＲＬまたはQRコードにアクセスしてください。

https://info.kojirokousi.com/op/x8xru7/

小次郎講師公式 LINE アカウントのお知らせ

コミュニケーションアプリ「LINE（ライン）」にて情報配信中!!
友だち登録いただくと、小次郎講師の最新情報やキャンペーン情報などをお届けします♪

友だち登録の方法

QRコードを読み込んで追加

「LINE」を開く「友だち追加」「QRコード」で下記のQRコードを読み取って追加してください。

ID検索で追加

「LINEを開く「友だち追加」「ID検索」で下記の LINE@ID を入力 検索して追加してください。

QRコード

LINE@ID

@kojiro

小次郎講師（本名：手塚宏二）

株式会社手塚宏二事務所代表／小次郎講師投資塾々長
チャート分析研究／トレード手法研究家／トレードコーチ
日本テクニカルアナリスト協会認定テクニカルアナリスト

1954年岡山市生まれ。早稲田大学政治経済学部中退。約30年の外務員経験後にIT会社へ転身、チャートソフトの開発や投資家教育に取り組む。2015年独立。タートルズのトレード手法をベースとした独自の分析法を駆使し、チャート分析の第一人者として、セミナーや書籍などを通じて個人向けの投資教育活動を展開。2000人を超える門下生からは専業トレーダーも多数輩出している。ライフワークは「日本に正しい投資教育を根付かせること」「勝てる投資家を一人でも多く育てること」。著書に、『小次郎講師流 テクニカル指標を計算式から学び、その本質に迫る 真・チャート分析大全 ──安定投資家になるためのエッジの見つけ方』（パンローリング株式会社）、『儲かる！相場の教科書 移動平均線 究極の読み方・使い方』（日本実業出版社）、『数字オンチあやちゃんと学ぶ 稼げるチャート分析の授業』（総合法令出版）などがある。

小次郎講師HP
https://kojirokousi.com

視覚障害その他の理由で活字のままでこの本を利用出来ない人のために、営利を目的とする場合を除き「録音図書」「点字図書」「拡大図書」等の製作をすることを認めます。その際は著作権者、または、出版社までご連絡ください。

小次郎講師式 世界一わかりやすい投資の勝ち方
〜チャートメンタルズ分析〜

2021年1月18日　初版発行

著　者　小次郎講師
発行者　野村直克
発行所　総合法令出版株式会社
　　　　〒103-0001　東京都中央区日本橋小伝馬町 15-18
　　　　EDGE 小伝馬町ビル 9 階
　　　　電話 03-5623-5121（代）

印刷・製本　中央精版印刷株式会社

落丁・乱丁本はお取替えいたします。
©Kojiro-koushi 2021 Printed in Japan
ISBN 978-4-86280-776-2
総合法令出版ホームページ　http://www.horei.com/